超低金利時代の
マネー＆ライフプラン
〜パーソナルファイナンスのすゝめ

　改訂版

赤堀勝彦

改訂にあたって

　本書は、2017年6月に初版を発行し、これから社会に出る人たちや若手社会人の方たちはもとより、FP（ファイナンシャル・プランニング）を初めて学ぶ一般の方々から大変好評をいただきました。

　今般、税制改正等に対応して所要の見直しを行うとともに、新たにJ-REIT（不動産投資信託）のColumnや軽減税率などの項目を追加するなど改訂版として発行することになりました。

　今回の改訂に際しては初版に引き続き、株式会社保険毎日新聞社出版部スタッフの方たちに大変お世話になりました。

　心から感謝申し上げます。

2018年12月
神戸市にて
赤堀　勝彦

はじめに

「結婚」「出産・育児」「教育」「住宅取得」「転職」「退職」……人生は、さまざまなイベントを通過することと言い換えられるのかもしれません、そうした人生のイベントを無事に通過するには必ずお金の問題がかかわってきます。物心ともに希望を満たし、充実した人生を過ごすためには、お金を計画的に増やし、管理する能力が必要になってきます。

希望を現実の物として、将来を切り開くためにお金の増やし方（資金運用）や効率的な活用方法を学び、自分にとってベターな方法を見つけることが「パーソナルファイナンス」の目的と言えます。

「パーソナルファイナンス」を一言で表せば「家計のファイナンス」ということになります。マイナス金利時代といわれている現在、私たちの預金金利もほぼゼロ時代のときに自分の資産をどう守るべきでしょうか？

たとえば、マイナス金利の影響を受けて利息がほとんど付かないから株式や投資信託、あるいは外国為替証拠金取引（FX：Foreign Exchange）などへの投資をしたほうがよいのか、住宅ローンの金利が低い時にマイホームの購入を積極的に進めるべきなのか、リタイヤ後、年金はいくらもらえるのか、社会保障や税金の制度はどう変わってしまうのか……。これから就職して社会に出る人たちや社会人となって間もない若い人たちは、ちょっと古い世代の大人たちよりも余計に自分のお金のことに関心をはらい、明確な人生設計（ライフプラン）を持たなくてはならない時代になってしまいました。

本書は、自分の「ライフプラン」に合った家計運営を計画的に行うとともに、将来のライフプランニングに欠かせない社会保険制度や、万が一に備える保険の仕組み、その他、個人の家計に大きく関与する「貯蓄」「投資」「税金」「相続」などパーソナルファイナンスで扱う多岐にわたる分野を分かりやすくコンパクトに説明しています。また、租税回避地（タックスヘイブン：tax haven）やフィンテック（FinTech）など現在のグローバル経済社会で大きく取り上げられている問題やライフステージ別の保険利用などパーソナルファイナンスにかかわる項目についても本書の各論編やコラム（Column）で解説しています。

2017年3月
神戸市にて
赤堀　勝彦

目次

総論編……7

- **Chapter 1** パーソナルファイナンスとは……8
- **Chapter 2** 経済と金融……13
  - Column 1　フィンテック (FinTech) とは……17
- **Chapter 3** 景気と物価指標……18
- **Chapter 4** 金利と経済……23
- **Chapter 5** 主な金融市場の仕組み……28
  - Column 2　仮想通貨とは……33
- **Chapter 6** マイナス金利の仕組みと影響……36
  - Column 3　FX取引とは……41
- **Chapter 7** 不動産の取引……42
- **Chapter 8** ライフプランニング……51
  - Column 4　ライフステージごとのイベントの特色と保障プラン……58
- **Chapter 9** 教育資金計画……60
- **Chapter 10** 住宅取得資金計画……63
- **Chapter 11** リタイアメントプランニング……68
- **Chapter 12** 成年後見制度……72
- **Chapter 13** リスクマネジメント……74
- **Chapter 14** 保険・共済……78
- **Chapter 15** 相続の基礎知識……82

各論編……93

Chapter 1 預貯金等……94
Chapter 2 債券……99
Chapter 3 株式……104
    Column 5　ＥＳＧ投資とは……109
Chapter 4 投資信託……111
    Column 6　上場不動産投資信託（J-REIT）とは……117
    Column 7-1 **NISA（ニーサ）とは**……120
    Column 7-2 **つみたてＮＩＳＡとは**……122
Chapter 5 ポートフォリオ……124
Chapter 6 タックスヘイブン……129
Chapter 7 社会保険……134
Chapter 8 公的年金……139
Chapter 9 企業年金……144
Chapter 10 生命保険……150
Chapter 11 損害保険……155
Chapter 12 税金の種類……161
Chapter 13 所得税の仕組み……165
Chapter 14 相続税の仕組み……169
Chapter 15 贈与税の仕組み……175

〈主要参考文献…180〉〈あとがき…181〉〈索引…183〉〈著者略歴…187〉

総論編

Chapter 1 パーソナルファイナンスとは

1. ファイナンスの意味

ファイナンス（finance）には、金融・財務・財政という意味があります。

その主体が法人企業であればコーポレートファイナンス（corporate finance）、個人や家計であればパーソナルファイナンス（personal finance）、公共部門であればパブリックファイナンス（public finance）ということになります。

個人の家計を考えてみると、まず自らの労働による収入があり、資金調達として住宅ローン・自動車ローンなどの各種ローンやクレジットがあります。また、資産運用として預貯金のほかに金融商品や不動産投資などがあります。また、所得税や住民税などの税コストや公的年金・公的医療保障・公的介護保障のための社会保険料負担も個人の資金収支のなかで重要な位置を占めています。

2. ファイナンスの広範な概念

最近は個々人の生活も多様になっており、他人とは大きく異なった独自のライフプランを作り、それに応じて貯蓄・資産運用、年金、税金、ローン、保険、介護、相続といったパーソナルファイナンスの多岐にわたるさまざまな領域に関するプランを作成し、実行することが求められています。こうしてみてくると、ファイナンスとは単なる資金の貸し借りだけを意味するのではなく、国家と法人と個人にかかわるマネーの複雑多様な領域、つまり預貯金、投資、税金、年金、ローン、保険などを包括する広範な概念として使用されている[1]ことがわかります。

3. パーソナルファイナンスの定義

日本ＦＰ協会の『パーソナルファイナンス～ライフプランニング・リタイアメントプランニング～』（貝塚啓明監修）のテキストによれば、パーソナルファイナンスとは、「個人および家族が自らのライフデザイン（life design）とライフプラン（life plan）に表現される『人生の幸福』を実現することを目的として、誕生、成長、自立、成熟、老後、相続といった長期間にわたるさまざまなライフステージにそって、どのように労働能力

を形成し、そこから最大の税引き後キャッシュフロー（cash flow：手元流動性）を生み出し、それを株式、債券、預貯金、不動産といった有形資産のアセットアロケーション（asset allocation：資産配分）を考え、負債も考慮し、リスク管理しながら資産形成し次世代に継承していくかをテーマとするファイナンスの一領域である」と詳しく定義されています。

4．パーソナルファイナンスの基本的な考え方

　上記の定義のなかで最も重要な点は、パーソナルファイナンスは「自らのライフデザイン」をもとに「人生の幸福」を実現することを目的とする点です。言い換えれば、パーソナルファイナンスは、「人生の幸福」を目的としたお金の管理のことであるのです。つまり、パーソナルファイナンスは単なるお金もうけではなく、お金を自身の人生を豊かにするためのツール、あるいは自分の価値観や大事なことを最適化するための手段として考える、単にその時々の入出金を見るのではなく、自身の人生全体から見て、お金の管理をすること、これがパーソナルファイナンスの基本的考え方と言えます。

5．パーソナルファイナンスとコーポレートファイナンスの比較

　パーソナルファイナンスの特徴を法人のコーポレートファイナンスと比較[2]しながらみていくことにしましょう。

（1）ライフデザイン・ライフプラン

　人はそれぞれ、自分の価値観に基づく生き方や人生の目的を持っています。この価値観や目的をライフデザインと言います。法人の場合、このライフデザインに当たるのが、経営理念・ミッション（mission）です。個人はあまり明確にしませんが、法人の場合、その法人の社会的存在価値を明らかにする経営理念を明確に持っています。
　また、個人のライフプラン（生涯生活設計）に当たるのが、法人の場合は事業計画です。住宅取得、子どもの教育プラン、老後の生活プランなどがライフプランに当たります。

（2）FP（ファイナンシャル・プラン）上のライフプラン

個人のFP上のライフプランは、さまざまな生活目標を数値化したもので、住宅資金や教育資金、老後資金等のプランです。一方、法人は中長期および短期の経営計画とそれに基づく予算を作成します。経営計画には、事業部門ごとの売り上げ・販売計画、人員計画、研究開発計画などがあり、それぞれが数値化された目標として設定されます。

(3) 個人バランスシート（資産負債管理）

個人バランスシート（balance sheet）は法人の貸借対照表に当たるものです。法人の場合は、まず資本があって、そこから資産と負債が出てきますが、個人の場合はまず資産と負債があって、その差額が純資産残高と呼ばれます。負債が少なく、純資産残高が多いほど健全であると言えます。

(4) ポートフォリオ・マネジメント

ポートフォリオ（portfolio）とは、株式や債券、不動産などの資産の組み合わせのことを言います。さまざまなリスク・リターン特性のある金融商品を組み合わせる「分散投資」によって、リスクを軽減し目標とするリターンの達成を目指します。

(5) キャッシュフロー

キャッシュフローとは、手元流動性（支払能力）のことを言います。個人のキャッシュフロー表の構成は、イベント部分と収支部分に分けられます。収支部分の内容は、現在の収支状況や今後のライフプランに従い、将来の貯蓄残高を予想し、まとめたものです。近年、法人経営でもキャッシュフローを重視する傾向が強くなっています。

(6) リスクマネジメント

リスク（risk）とは、予想どおりにいかない可能性、結果がわからない不確実な状態のことを言います。人の生涯や企業活動にはリスクがつきものです。リスクを軽減・回避するために、さまざまなリスクが発生した場合の損失・損害を事前に把握し、合理的な方法と費用で適切な対応策を講じておくことが必要になります。リスクマネジメント（risk management）とは、その場合の計画・実行の管理手法のことです。

パーソナル・リスクマネジメント（personal risk management）は個人のライフデザイン・ライフプランの追求という目的に対応するリスクマネジメントであり、生命と生活と人生にかかわるリスクを最小限にするために行われる意思決定と実行と言うことができます。一方、コーポレート・リスクマネジメントは法人の利益追求という目的に対応するリスクマネジメントであり、法人の場合は、主に経済的に評価可能なもの対するリスクマネジメントです。

なお、個人の場合は経済的なものと同時に、身体的・精神的なものに対するリスクマネジメントが重要であると言えます。

(7) 相　　続

個人の相続については、相続順位にかかわる家族関係や資産などの正確な把握、残された家族の生活設計などを検討する必要があります。一方、事業承継には、オーナー経営者が後継者に実質的な経営権を引き継ぐ側面と、円滑な経営ができるように自社株を引き継ぐ側面があります。

まず、同族会社で、かつ非上場の会社では、オーナー経営者（社長）の親族（子など）が後継者になることが多いですが、円滑な事業承継を行うためには、後継者を事前に決定し、教育や育成を十分に行うことが重要です。次に、オーナー経営者が相続で一度に自社株を後継者（相続人等）に引き継がせる場合、相続税の負担が重くなってしまうため、生前に、株式を計画的に後継者に移すことも考える必要があります。

以上、パーソナルファイナンスとコーポレートファイナンスとの比較をまとめると、図表1－1のとおりです。

図表1-1 パーソナルファイナンスとコーポレートファイナンスの比較

パーソナルファイナンス （個人）	コーポレートファイナンス （法人）
ライフデザイン	経営理念・ミッション
ライフプラン(広義)・ライフイベント表	事業計画
ライフプラン （ファイナンシャル・プランニング上）	経営計画・予算
個人バランスシート 資産負債管理 ポートフォリオ・マネジメント	貸借対照表 資産負債管理 ポートフォリオ・マネジメント
キャッシュフロー表	損益計算書・キャッシュフロー計算書
パーソナル・リスクマネジメント	コーポレート・リスクマネジメント
相続	事業承継（オーナー経営者の場合）

出所：日本FP協会編『FP総論』（第6版）34頁をもとに著者作成（一部修正）。

●ポイント

　それぞれ人生の幸福を実現するために、あらゆるプランとあらゆる行動のすべてを包含した領域がパーソナルファイナンスの領域であり、その原点は一人ひとりのライフデザインにあります。個人の人生のビジョンであるライフデザイン、それを具体化したライフプランとともにあるパーソナルファイナンスが、ますます重要になりつつあります。

【注記】
1）日本FP協会編『FP概論』（第6版）3頁（日本FP協会、2015年）。
2）パーソナルファイナンスと法人のコーポレートファイナンスの比較については主に、注1）掲載の35～36頁を参照・引用した。

Chapter 2 経済と金融

1. 経済とは

　経済とは、社会生活を営むためのモノ(財)やサービスを交換する仕組みのことを言います。具体的には、財やサービスを「生産する」「消費する」活動です。
　経済は大きく分けて三つの役割（経済部門）から成り立っています。財やサービスを生産・販売する企業、財やサービスを購入・消費する家計、公共サービスを提供する政府の三部門です。
　この三つの経済部門のことを経済主体と言います。

2. お金の流れ

　財やサービスを購入した家計から、企業にお金が支払われます。企業はそのお金で設備投資を行ったり、原材料を購入したり、国や地方公共団体に税金を支払います。同時に、家計から労働の提供を受けて生産を行い、賃金を支払います。
　企業から賃金を支払われた家計では、財やサービスを購入し、税金を払い、残りを貯蓄に回します。
　国や地方公共団体は、企業や家計から支払われた税金を教育や福祉などの公共サービスや公共投資に充てます。
　このような経済の中で、お金を貯蓄したり、借りたりする働きを金融（金融経済）と呼びます。

3. 金融経済とは

　家計と企業の間には市場があり、買い手（需要）と売り手（供給）との関係が成り立っています。この市場では、商品の価格の動き（価格メカニズム）を通じて需要と供給が自動的に調整されていきます。一般的には、価格が安くなれば購入者が増えて需要量は増えてき、価格が高くなれば、購入者が減り需要量は減ってきます。
　需要量が供給量を上回っていれば、その商品は人気があることになり、品薄状態となります。こうなると、財やサービスの価格は上がっていきます。

そして、価格が高くなると需要量は減り、需要量と供給量は一致していきます。

このように需要と供給のバランスが保たれれば、金融がコントロールできていることになるのですが、このバランスが崩れて、財やサービスの価格が上がりすぎるとインフレーション（インフレ）、逆に財やサービスの価格が下がりすぎるとデフレーション（デフレ）と言われる状態になります。

4. 金融機関の役割

お金の流れをコントロールする役割をするのが金融機関です。三つの経済部門（企業・家計・政府）のいずれかに資金が不足したり、余剰が発生した場合の調整役を務めます。また、その金融機関の中でも中央銀行（日本では日本銀行）は、市中銀行にお金を貸し付ける形で国内にお金を供給したりします。

ただし、お金を供給し過ぎると、金余り現象が起きてインフレになってしまいます。逆に締め過ぎてしまうとデフレになってしまいます。

日本銀行がお金の流れをコントロールすることを金融政策と言います。

5. 金融政策

(1) 金融政策とは

金融政策とは、物価の安定・持続的な経済成長・国際収支の均衡を目的に中央銀行が行う政策のことです。中央銀行は、金融政策を決定するに当たって、金融や経済の実態についてさまざまな角度（実体経済、物価、金融面）から検討を行っています。このうち金融面からの検討に際しては、マネーストック（money stock）統計を判断材料（指標）の一つとして利用しています。

中央銀行の政策の一つに金融緩和（引き締め）があります。金融緩和とは、景気を改善・向上させるために通貨供給量を増加させることで、金融引き締めとは景気過熱を抑制・防止するために通貨供給量を減少させることです。

従来、金融政策には公定歩合操作、預金準備率操作（支払準備率操作）、および公開市場操作（オープンマーケット・オペレーション）の3つがありましたが、現在は、公開市場操作が中心となっています。なお、以前から金融政策としての役割を果たしてきた公定歩合操作は、現在は金融政策としての役割を有しておらず、2006年8月以降、

公定歩合から「基準割引率および基準貸付利率」へと用語が変更されました。

① 預金準備率操作（支払準備率操作）

預金準備率操作（支払準備率操作）とは、市中銀行などが受け入れた預金の準備率を変更することで通貨量を調整することです。預金準備率作は、マネーストックをコントロールする大変強力な手段ですが、銀行の預金調達戦略や預金金利への影響があまりに大きいため、通常先進国ではほとんど発動されません。日本では、1991年10月以来発動されていません。

・預金準備率引き上げ→通貨量減少・金利上昇
・預金準備率引き下げ→通貨量増加・金利低下

② 公開市場操作

公開市場操作とは、日本銀行が短期金融市場で民間銀行などに対して国債や手形などを売買することにより、金利や通貨量を調整する政策です。

日本銀行が保有する国債や手形を売却して市場から資金を吸収する売りオペレーション（売りオペ）と、日本銀行が国債や手形などを市場から買い入れて資金を供給する買いオペレーション（買いオペ）があります。これによって、金融市場のお金の流れを引き締めたり、緩めたりすることができます。

・売りオペレーション→通貨量減少・金利上昇
・買いオペレーション→通貨量増加・金利低下

図表2－1　日本銀行の金融政策

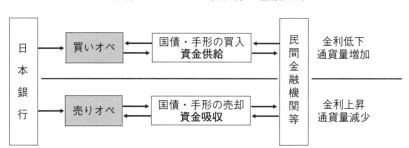

（2）財政政策とは

　企業や個人ではなく、国や地方公共団体による経済活動を財政と言います。財政には、資源配分、所得の再分配、経済の安定化という三つの機能を持っています。

　まず、資源配分とは、民間企業などに任せると、国民に対する平等なサービス提供が行われない可能性があります。そこに政府が介入し経済資源を効率よく配分させることを言います。具体的には、国防、外交、司法、警察、消防等のサービスや、道路、公園、上下水道等の社会資本に関する投資が該当します。

　次に、所得の再分配とは、政府や自治体が税として徴収した所得の一部を使って国民全体の生活レベルの向上に役立てるため、公共サービス等の形をとって国民に再分配することを言います。高所得者からより多くの税金を徴収し、低所得者や高齢者などへの社会保障のために役立てています。

　経済の安定化とは、財政が持つ景気の調整機能のことを言います。

　財政政策とは、政府が税収を財源として福祉や公共事業（財政支出）を行う政策のことです。

　民間の消費や投資が低迷している場合には、景気刺激策（有効需要刺激策）としても活用されます。財政政策は、公共投資と増減税が中心となります。不況のときには、赤字国債の発行による財政支出（公共投資等）の増大や減税などによって景気を刺激します。

　反対に、好況のときには、財政支出の抑制や増税などによって景気の過熱を抑えます。

●ポイント

　中央銀行（日本銀行）は、金融政策により、マネーストックを増減させ、市中金利を上下させることによって、需要をコントロールし、物価の安定等を実現しようとします。マネーストックの増減、金利の上げ下げの手法としては、公定歩合操作、預金準備率操作（支払準備率操作）、および公開市場操作（オープンマーケット・オペレーション）の三つがありましたが、現在は、このうち公開市場操作が中心となっています。

　日本銀行は、2013年4月に、消費者物価の前年比上昇率2％の物価安定の目標を2年程度の期間を念頭に置いて、できるだけ早期に実現することなどを盛り込んだ「量的・質的金融緩和」と呼ばれる大胆な緩和策を導入しました。

Column 1
フィンテック (FinTech) とは

　フィンテック（FinTech）と総称される金融とIT（Information Technology：情報技術）の融合による技術革新の波が金融の世界に押し寄せています。

　フィンテックとは、FinanceとTechnologyを掛け合わせた造語で、スマートフォンを使う決済や資産運用、ビッグデータ、人工知能（AI：Artificial Intelligence）などの最新技術を駆使した新しい金融サービスを意味します。

　このようなフィンテックの登場によって、これまで金融機関が本業としていた金融商品・サービスを、情報通信技術（ICT：Information and Communication(s) Technology）を活用することによって、利用者の目線から「安く、早く、便利」に変えていこうとする動きが活発化しています。

　代表的なフィンテック・サービスとしては、個人のお金に関わる情報を統合的に管理するサービス「パーソナル・ファイナンシャル・マネジメント」（PFM：Personal Financial Management）、人工知能活用による投資助言サービス（ロボ・アドバイザー）、資金の貸し手と借り手を仲介するサービス（マーケットプレイス・レンディング）、スマートデバイスを利用してクレジットカードでの支払いを受け入れることができるサービス（モバイルPOS）などが挙げられます。

　このようなサービスは従来の伝統的な金融サービスとは異なる提供価値を有しており、多くの消費者に受け入れられ、近年では個人事業主や中小企業をはじめとしたビジネスの分野でも活用が始まっています。

　日本銀行は、フィンテックへの注目が一段と高まっている環境を踏まえ、2016年4月1日、決済機構局内に「FinTechセンター」を設立しました。

　今後の課題として、こうした技術革新に合わせて、安全性・信頼性をどう担保するか、ということと変化の激しい時代に、迅速かつ柔軟に対応できる仕組みの構築が必要になってきます。

Chapter 3
景気と物価指標

1.景気の判断

　経済情勢の調子の良いことを好景気（好況）、悪いことを不景気（不況）と言います。景気は不況・回復・好況・後退の四つの局面が循環することから、景気循環といわれます。景気の循環は波に例えられ、「景気の谷（底）→山（天井）→谷」というサイクルを描きます（図表3−1）。一般的には国などが発表するさまざまな経済指標が参考にされています。

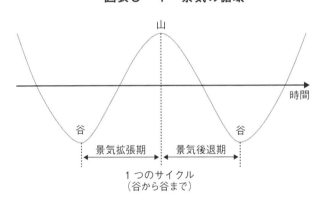

図表3−1　景気の循環

2.経済指標

（1）国内総生産（GDP：Gross Domestic Product）と経済成長率

　GDPは、内閣府が四半期ごとに集計して発表しています。GDPとは、国内で一定期間に生産された財やサービスの付加価値の総額で、一国の経済規模を表しています。現在日本のGDPは年間約500兆円程度を推移しています。付加価値とは、財やサービスの生産額から、生産するために要した費用を差し引いたものです。

　ある国の経済規模を示す指示はGDPの他に国民総生産（GNP：Gross National Product）もあります。GNPには、GDPに加え、国内居住者が同期間に海外で得た所得が含まれ、非居住者が国内で得た所得が除かれます。日本は対外純債権国であるため、海外から受け取る金利や配当が海外へ支払うものより多いのです。したがって、現状の

日本ではGDP数値よりGNP数値のほうが大きくなります。対外純債務国の場合は日本と逆になります。

① 名目GDPと実質GDP

名目GDPとは、GDPを時価で金額表示したものです。実質GDPとは、表面上の数値である名目GDPから物価水準の変化分を取り除いたものです。

② 経済成長率

GDPの増加率を示すものが経済成長率です。通常は、実質GDPの増加率を指した実質経済成長率のことを言います。実質GDPの前年比または四半期ごとの前年同期比における変化率で示されます。

③ 国内総支出（GDE：Gross Domestic Expenditure）

経済原則として、生産・支出・分配の三つの数値は常に等しいと考えられ、これを三面等価の法則と言います。GDPを支出面から表したものをGDEと言い、GDPとGDEは等しくなります。GDEの構成項目のうち最も大きな項目は民間最終消費支出で、常に60％前後を占めます。

（2）景気動向指数

景気動向指数は、生産、雇用などの経済活動状況を表すさまざまな指標の動きを統合して、景気の現状把握や将来の動向を予測するために内閣府が毎月調査・発表している指標です。

景気動向指数には先行指数・一致指数・遅行指数の3種類があり、それぞれについてコンポジット・インデックス（CI：Composite Index）とディフュージョン・インデックス（DI：Diffusion Index）があります。

景気動向指数を作成するための指標は、CIとDIで共通しています。2015年現在の第11次改定のものでは、先行指数11系列、一致指数10系列、遅行指数9系列（合計30系列）となっています。

① 先行指数

景気の動きを先取りして動く在庫率や新規求人数など11種類の統計データの動きを

統合した指標です。

② 一致指数

景気の現状を表す生産指数や営業利益など10種類の統計データを統合した指標です。

③ 遅行指数

景気に遅れて動く完全失業率や家計消費支出など9種類の統計データの動きを統合した指標です。

CIとDIの内容は図表3－2のとおりですが、現在はCI中心の公表形態が採られています。

図表3－2　CIとDIの比較

	CI（コンポジット・インデックス）	DI（ディフュージョン・インデックス）
内容	複数の指標の前月と比べた変化量を合成したもの	3カ月前と比べて上昇（拡張）を示している指標の割合
利用法	主として景気変動の大きさやテンポを測定するために利用 （一致指数が上昇しているときが景気拡張局面、低下しているときが景気後退局面）	主として景気転換点（景気の山・谷）の判定に利用 （一致指数が50％を上回れば景気拡張局面、下回れば景気後退局面）

（3）企業短期経済観測調査（日銀短観）

日銀短観とは、日本銀行が四半期ごとに調査・発表する、企業経営者を対象としたアンケート調査のことです。

マーケットが最も注目するのが業況判断DIです。現在の業況と3カ月後の業況の予測についてアンケート調査を行い、「良い」「さほど良くない」「悪い」の選択肢の中から回答をもらい、業況判断DIを算出します。

業況判断DI（％）＝「良い」と回答した企業の割合－「悪い」と回答した企業の割合

（4）マネーストック統計

マネーストックとは、基本的に、通貨保有主体（居住者のうち、一般法人、個人、地方公共団体・地方公営企業）が保有する通貨量の残高（金融機関や中央政府が保有する

預金などは対象外）をみるもので、日本銀行が毎月公表しています。

　従来、日本銀行はマネーサプライ統計を毎月公表してきましたが、郵政民営化や金融商品の多様化等の環境変化に対応するため、2008年6月公表分より公表方法や公表系列を見直したマネーストック統計に衣替えしました。

　マネーストックの動きは、景気や物価にも影響を及ぼすことから、景気指標の一つとしての注目度も高くなっています。

(5) 家計調査と消費動向調査

　家計調査とは、全国の消費者世帯約9000世帯を対象に、総務省が毎月実施している調査です。

　一方、消費動向調査とは、消費者の意識の変化やサービスなどへの支出、主な耐久消費財の保有状況や購入状況を把握するために、内閣府が毎月調査しているものです。中でも消費動向調査の結果から算出される消費者態度指数は半年先の消費動向を表すものとされ、今後の消費動向を予想するためにも注目度の高い指標といわれます。

(6) 物価指数

　代表的な物価指数として、消費者物価指数と企業物価指数がありますが、企業物価指数の方が国際商品市況（原油価格の動向など）や外国為替の変動からも影響を受けるため、消費者物価指数よりも変動が大きくなりがちな点や企業物価の変動があった場合、一定期間を置いてから消費者物価が動く傾向にある点などが挙げられます。

① 消費者物価指数（CPI：Consumer Price Index）

　総務省が毎月発表しています。消費者が購入する商品・サービスの小売り段階での価格を対象としています。調査対象項目は消費者の家計支出の中で重要度が高く、かつ永続性のある商品およびサービス品目が選ばれ、品目は5年ごとに見直されています。

② 企業物価指数（CGPI：Corporate Goods Price Index）

　日本銀行が毎月発表しています。企業間で取引される商品（サービスは除く）の価格を対象としています。なお、企業物価指数は2003年より卸売物価指数から名称変更されたものです。

●ポイント

　GDP（国内総生産）は、国内の企業・家計・政府などが主体となり1年間に生産される付加価値の合計額です。通常、一国の経済成長率はGDPの伸び率で表されます。また、GDPは、実質GDPと名目GDPの二通りが発表され、実質GDPとは物価の変動による影響を除去したものです。

　景気動向指数は、内閣府が毎月作成し、公表しています。日本では、現在30系列の景気動向指数が採用されています。

Chapter 4 金利と経済

1. 金利とは

　金利とは、簡単に言えばお金の貸借料で、お金を借りる側（需要）と貸す側（供給）とのバランスで決まります。

　実際に金利を考える場合、経済成長率や為替相場、物価などを基準にします。この基準によって、貸す側は資金を現在使ったらよいのか、貯蓄に回したらよいのかを、借りる側は資金を借りて投資するべきなのかどうかを判断します。

　また、金利を方向づける政策も考慮しなくてはなりません。日本銀行による金融政策や、国・地方公共団体による財政政策も金利変動に影響を及ぼします。

2. 金利の種類

（1）短期金利

　期間が1年未満の貸出や預金の金利を短期金利と言います。

　代表的なものとしては「無担保コール翌日物」があります。コールという呼称は「呼べばすぐに戻る（"money at call"）」という意味で、金融機関にとって短期の資金の貸し借りの場です。これは、日本の金融機関同士が短期の資金を融通し合うコール市場において、無担保で借り約定した翌日に返済を行う場合の金利を指します。

　この「無担保コール翌日物」は、日本の政策金利として、金融政策の誘導目標金利の役割を果たしています。

（2）長期金利

　期間1年以上の貸出や預金に適用される金利を長期金利と言います。

　代表的な長期金利としては「新発10年国債利回り」（新規発行国債10年債の利回り）が挙げられます。社債、地方債の金利なども長期金利に含まれます。住宅ローンや長期貸付の金利なども、これらの長期金利をベースに決められることが多いです。

3.金利の変動要因

　お金の需給に大きな影響を及ぼしているのが景気・物価・為替です。これらの項目の変動によって日本国内のお金が大きく動き、金利は上昇したり下降したりします。もちろん、海外金利などこれらの項目以外にも金利を変動させる要因はありますが、最低限この三項目の動向をチェックすることにより、現在および将来の金利動向の概要が判断できます。

（１）景気と金利

　景気が良いか悪いかによって、金利の動きも変わります。景気を判断するための代表的な指標については既に説明しました。一般的に、資金需要が活発で景気が良ければ、金利が上がる可能性は高くなります。逆に資金需要が低迷して景気が悪いと、金利下降要因になります。

（２）物価と金利

　一般に物価と金利は、物価が上がると金利も上がり、物価が下がると金利も下がるという正比例の関係にあります。物価水準が上がることをインフレーション（インフレ）と言います。
　インフレとは、物の値打ちが上がり、お金の値打ちが下がることです。物価水準がどんどん下がっていくことをデフレーション（デフレ）と言います。デフレとは、物の値打ちが下がり、お金の値打ちが上がるということです。

（３）為替と金利

　為替は国と国との間のお金（通貨）の交換価値を示すものですが、その為替も物価や金利と密接な関係にあります。為替が円高になると、石油など輸入される原材料や製品が値下がりし、物価を下げる方向に働きます。物価の下落は金利低下につながります。反対に為替が円安になると、輸入される原材料や製品が値上がりし、物価を上昇させる方向に働くので金利の上昇につながることになります。

(4) 金融政策と金利

景気の拡大によりインフレ懸念が生じると、日本銀行はインフレを抑制するために金融引締政策を行って金利を高めに誘導します。反対に、景気が後退すると、日本銀行は消費意欲を高めて生産活動を活発にするため、金融緩和政策を行って金利を低めに誘導します。

図表4－1　金利の変動要因のまとめ

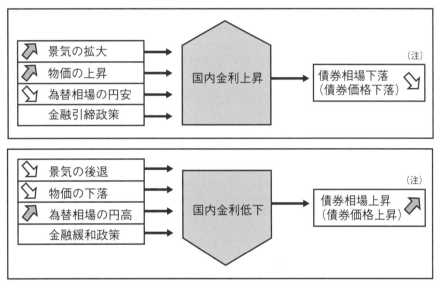

注：国内金利が変動すると、債券相場（債券価格）も変動する。国内金利と債券相場（債券価格）は反対の動きをする。つまり、金利が上がれば債券価格は下がり、金利が下がれば債券価格は上がる。

4. 金利と利回り

金利には、単利と複利、固定金利と変動金利、利払い型と満期一括払い型の三つの分類方法があります。

(1) 単利と複利

① 単　利

当初の元本のみが利息を生み出します。満期時の元利合計（元本と利息の合計）を求めるには次の計算式を用います。

> 満期時の元利合計＝元本×(1＋年利率×預け入れ年数)

② 複　利

　一定期間ごとに支払われる利息を元本に含め、これを新しい元本として利息を計算する方法です。利息が再投資されるため、利息が利息を生み、単利よりも大きく殖えます。利息が元本に加えられる期間により、1年複利、半年複利、1カ月複利の三種類に分けられ、他の条件を同じとすると、利息の再投資期間が短い方が元利合計は多くなります。つまり1年複利よりも半年複利の方が、半年複利よりも1カ月複利の方が元利合計は多くなります。

　満期時の元利合計（元本と利息の合計）を求めるには次の計算式を用います。

> 満期時の元利合計＝元本×(1＋年利率)^{年数}

(2) 利率と利回り

① 利　率

　元本に対する1年当たりの利息の割合です。たとえば、元本100万円を利率1％で運用すれば、1年後の利息が1万円になります。

② 利回り

　ある一定期間で得られる利息などの収益合計を1年当たりではいくらになるかを計算し、それを預け入れ当初の元本で割ったものです。一般に利回りと言えば年平均利回りのことを指します。

(3) 固定金利と変動金利

① **固定金利商品**

　預入時に約束された適用利率が満期まで変わらない商品です。

② **変動金利商品**

　市場金利の変動に合わせて、定期的に適用利率が見直される商品です。経済環境によ

り市場金利が上昇すれば対象商品の適用金利も引き上げられますが、反対に、市場金利が低下すれば対象商品の適用金利も引き下げられます。

（4）利払い型と満期一括払い型（利息の支払われ方）

① 利払い型商品

預入期間中に定期的に利息が支払われる商品です。

② 満期一括払い型商品

満期時もしくは解約時に一括して利息が支払われる商品です。利息が複利で運用されるため、同じ金利であれば利払い型に比べて大きく殖えます。

（5）利子と税金

預貯金の利子は、利子所得として20.315％（所得税15％、住民税5％、復興特別所得税〈2037年12月31日まで〉0.315％）の税率で源泉徴収される源泉分離課税が適用され、課税関係は完了します。

●ポイント

国内の金利はお金の需要と供給のバランスで決まります。主な要因には、景気・物価・為替があり、これらが国内金利に大きな影響を及ぼしています。ただし、現実の経済の動きはさまざまな要素が相互に複雑に絡み合っており、単純には決まらない点を注意することが必要です。

Chapter 5 主な金融市場の仕組み

1. 金融とは

お金の余っているところからお金の足りないところに、お金を融通することを金融と言います。お金を融通するための貸し借りが行われている場を金融市場と言い、お金の借り手が貸し手に支払うお金の使用料が金利です。

2. 金融市場の仕組み

金融市場は、取引が行われる金融資産の満期までの期間が1年未満（＝短期）か1年以上（＝長期）かによって、短期金融市場と長期金融市場の二つに分けることができます（図表5－1）。

図表5－1　金融市場の分類（主なもの）

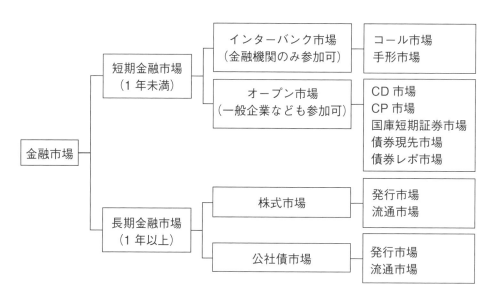

（1）短期金融市場（Money Market）

短期金融市場は、インターバンク市場とオープン市場に分けられます。

インターバンク市場は、金融機関がお互いに資金のやり取りを行う市場で、コール市場と手形市場に分けられます。中でも重要なのがコール市場です。コール市場は金融機関相互で行う短期の貸付け・借入れが行われる市場のことです。短期で回収できる貸借のためコールと呼ばれ、各金融機関の短期的な資金不足を調整する役割を果たしています。

コール取引は有担保が原則でしたが、1985年からは無担保コールが導入されました。1988年からは日銀による短期金融市場の改革も行われ、取引期間などに関する規制緩和が行われました。また、インターバンク市場は日本銀行の金融調節の場としても、金融政策が反映されます。

一方、オープン市場は、金融機関以外の一般の企業なども参加できる市場で、代表的なものとして譲渡性預金（CD：Certificate of Deposit）市場、コマーシャルペーパー（CP：Commercial Paper）市場、国庫短期証券（T-Bill：Treasury Discount Bills）市場、債券現先市場、債券レポ市場があり、その中でもCD市場がオープン市場の中核をなしています。

オープン市場の最も代表的な金利は「CD新発3カ月物レート」で、これは新規に発行される3カ月満期のCDの金利です。一般の企業なども参加するオープン市場の金利であるため、日本銀行の金融政策による直接的な影響はあまり受けません。

しかし、金利裁定取引が行われるため、通常、オープン市場の金利もインターバンク市場の金利に影響を受けます。

（2）長期金融市場（Capital Market）

長期金融市場は株式市場と公社債市場とに分けられ、それぞれ発行市場と流通市場とに分けられます。

発行市場は新たな有価証券（株式や公社債）の募集または売り出しが行われ、流通市場は既に発行された有価証券の売買が行われます。流通市場は、証券取引所を通じて取引が行われる取引所取引と取引所を通さず証券会社と顧客が相対で取引を行う店頭取引があります。

株式市場の代表的な指標として、東京証券取引所第一部に上場している主要225銘柄の株価をもとに計算した日経平均株価や、東京証券取引所第一部の全銘柄で計算している東証株価指数（TOPIX）などが挙げられます。

一方、公社債市場の指標としては、直近に発行された10年満期の国債の利回りがあり、長期金利の代表になっています。

総論編

なお、長期金融市場は、市場参加者の今後の見通しや、それに基づく実際の取引に強く影響を受けます。

（3）外国金融市場の金利指標

①米国FFレート（Federal Funds Rate）

アメリカの民間銀行が連邦準備銀行に預けている準備預金（フェデラルファンド）を、民間銀行間で貸し借りする金利をFFレートと言います。FFレートは、連邦準備制度理事会（FRB：Federal Reserve Board）が金融政策の誘導目標とする金利でもあり、アメリカの短期金利の代表的な指標です。日本のコールレートに相当します。

②米財務省短期証券（TB：Treasury Bills）3カ月レート

米財務省短期証券は期間1年以下で発行され、中心となる3カ月物は、毎週月曜日に入札方式で発行されます。その利回りは、アメリカの短期市場金利の重要な指標の一つです。

③ロンドン銀行間取引金利（LIBOR：London Interbank Offered Rate）

正式名はロンドン銀行間取引金利で、その英語表記の頭文字で「ライボー」と読みます。かつては、指定された有力銀行から報告されるレートを、英国銀行協会が集計し毎営業日に公表していましたが、不正問題の表面化により、2014年2月から米国取引所大手インターコンチネンタル取引所（ICE：Intercontinental Exchange）がLIBORの算出・運営を行うことになりました。

金利は経済や市場の動きによって刻々と変わるため、金融取引を円滑に進めるための目安としてLIBORが住宅ローンやデリバティブ（derivative）[1]などの基準金利に使われています[2]。なお、英金融規制当局である金融行為監督機構（FCA: Financial Conduct Authority）のアンドリュー・ベイリー長官は2017年7月27日、金融取引の基準金利として参照されるLIBORについて、方針として2021年末に廃止の可能性があることを明らかにしました。

世界の中央銀行は不正操作できない取引をもとにした金利へと基準金利を置き換える準備を進めています[3]。

日本国内では日本版LIBORとも言える東京銀行間取引金利（TIBOR：Tokyo Interbank Offered Rate）が使われています。銀行が企業などに融資する際の日本円金

利を決める基準の一つとなっています。一般社団法人全国銀行協会が平均値を算出、公表しています。

3. 外国為替市場の仕組み

日本の円や、米国のドル、欧州のユーロなどの異なる通貨を交換する(売買する)市場のことを外国為替市場と言います。

外国為替市場は、金融機関同士が通貨の売買を行う銀行間市場(インターバンク市場)と、金融機関が個人や法人などの顧客と通貨の売買を行う対顧客市場に大別されます。銀行間市場で基準になっているのが直物相場で、売買の受け渡しを原則として翌々日に行うと決められている取引です。

一方、対顧客市場では、銀行間直物取引相場をもとに決められる対顧客電信売相場(TTS:Telegraphic Transfer Selling rate)が、円を外貨に換える際のレートとして発表されます。通常は、直物相場に一定の手数料を上乗せしたレートになっています。また、外貨を円に戻す際のレートとして対顧客電信買相場(TTB:Telegraphic Transfer Buying rate)が使われます。

●ポイント

金融の基本である貸借が実際になされる場が金融市場です。金融市場には、企業・政府・個人・海外分門が参加し、その多くに金融機関が介在します。

取引される資金が短期か中長期かによって短期金融市場と長期金融市場に、資金の調達形態によって貸出市場(特に貸付市場)と証券市場に、さらに借り手ないし資金使途によって産業金融市場と消費金融市場などに分けることができます。

【注記】
1) デリバティブとは、株式、為替などの原資産の動きに依存して価格が変動する商品あるいは取引のことを言う。デリバティブの取引には、基本的なものとして、その元になる金融商品について、将来売買を行うことをあらかじめ約束する取引(先物取引)や将来売買する権利をあらかじめ売買する取引(オプション取引)などがあり、さらにこれらを組み合わせた多種多様な取引がある。デリバティブはそれぞれの元となっている金融商品と強い関係があるため、デリ

バティブという言葉は、日本語では一般に「金融派生商品」と訳されている。対象となる商品によって、債券の価格と関係がある債券デリバティブ、金利の水準と関係がある金利デリバティブなど、オーソドックスな金融デリバティブから、近年では、気温や降雨量に関連付けた天候デリバティブのようなデリバティブも開発され、デリバティブの対象にはさまざまなものがある。

2）LIBORに連動する金融取引は住宅ローンからデリバティブまで含めると世界中で約350兆ドル（約3京9,000兆円）を超える。なお、2012年6月、イギリスの名門銀行、バークレイズ銀行が実勢と異なる調達金利を申告するなどIBORを不正操作していた事件が発覚したことにより世界の金融界の信頼が大きく揺らぐこととなった（日本経済新聞（朝刊）2012年8月5日）。国際的な基準金利への不信が日本に波及することを避けるためにも、国内の基準金利制度について入念な点検が欠かせないと言える。

3）日本経済新聞（朝刊）2017年7月28日。

Column 2
仮想通貨とは

　ビットコイン（Bitcoin）などの仮想通貨について国内で初めての規制となる改正資金決済法が2016年5月参院本会議で可決・成立しました。
　改正資金決済法は仮想通貨を決済手段に使える「財産的価値」と定義し、仮想通貨と現金を交換する業者は、登録制となり、監督官庁となる金融庁が、業務改善命令や停止命令を出せるようになります。
　仮想通貨とは、オンラインサービスで経済活動を行うことができる貨幣価値のことです。つまり、形がなくオンライン上の特定の場所やコミュニティだけで使え、価値を持つお金のことです。法定通貨ではありませんが、決済手段の一つと解釈されています。

〔ビットコイン〕
　ビットコインは、インターネット上で使用できる仮想通貨の一つです。日本円のような法定通貨とは異なり、中央銀行に相当する管理者がいないのが特徴です。ビットコインは、通貨としての機能を持つ電子データであり、1ビットコインは、1BTCという単位で表記されます。
　世界の不特定多数のマイナー（採掘者）が複雑な暗号を解くことで取引を記録・承認します。その報酬としてビットコインが新たに発行されます。
　ビットコインは、物品の購入等に使用できるものですが、このビットコインを使用することで生じた利益は、所得税の課税対象となります。
　金融庁が「仮想通貨交換業者」として認めた取引所で売買が可能です。店舗で商品・サービスの購入支払いにも使うこともできますが、現状は値上がりを狙った投機目的の取引が大半ということです（日本経済新聞（朝刊）2017年12月12日）。
　このビットコインを使用することにより生じる損益は、事業所得等の各種所得の基因となる行為に付随して生じる場合を除き、原則として、雑所得に区分されます。給与などと合わせた全体の所得額に応じ5〜45％の税率が適用され、20万円超の利益が出た場合は確定申告が必要です（国税庁ホームページ）。

〔ブロックチェーンの導入〕

　2016年には、仮想通貨の基礎技術であるブロックチェーン（BC：Blockchain）技術に対する期待が一気に高まり、金融機関がブロックチェーンの導入に向けてさまざまな実証実験を行いました。ブロックチェーンは、インターネット上の複数のコンピュータが相互に監視しながら、取引先を共有する仕組みで、巨大なサーバーなどが不要になり、低コストで処理技術も速くなることや記録を共有し、検証し合うので、記録改ざんや不正取引が防げることなどのメリットがあります。

〔電子マネーと仮想通貨の違い〕

　電子マネーと仮想通貨の大きな違いは、使い方と単位です。電子マネーはチャージして使いますが、仮想通貨はあくまで通貨ですのでそのままでも使えます。コンビニで電子マネーカードを購入したり、クレジットカードからチャージしたりという使い方をする電子マネーに対し、仮想通貨は基本的にそのまま決済に使えるという特徴があります。

　また、仮想通貨はそれぞれの仮想通貨ごとに単位があります。しかし電子マネーはあくまで「円」です。カードが異なれば違った単位を使うということは、電子マネーではありません。このあたりが仮想通貨と電子マネーの大きな違いになります。

　クレジットカード・電子マネー・仮想通貨のそれぞれの違いを示せば以下の表のとおりです。

クレジットカード・電子マネー・仮想通貨の違い

	クレジットカード	電子マネー	仮想通貨
発行体	企業が発行・管理	企業が発行・管理	発行体なし。ネットワークの参加者が取引を承認
特徴	・加盟店だけが使える ・企業（カード会社）が一時的に代金を立て替える ・小さい額では使えないときもある	・加盟店だけで使える ・企業が発行したカードにお金を前もって入れる ・小さい額に向く	・使える店は限られる ・スマホでアプリを使って持ち歩ける

出所：「仮想通貨ってどんなお金？」日本経済新聞（朝刊）2016年5月14日をもとに著者作成。

〔仮想通貨の問題点〕

　仮想通貨は取引価格が毎日変わり、利用者に対する価値の保証が無いことや、闇市場を生みやすいこと、犯罪で手に入れたお金を隠すマネー・ローンダリング（money laundering：資金洗浄）やテロの準備資金に利用される等の問題点が指摘されています。

　今回の法規制では仮想通貨取引所を登録制にして、使う人は本人確認を義務付けるなど利用者保護の観点から仮想通貨に係る規制が加わることになりました。

Chapter 6
マイナス金利の仕組みと影響

1．マイナス金利の導入

　日本銀行は2016年1月末の金融政策決定会合で、マイナス金利の導入を決定し、2月から「マイナス金利政策」という金融政策を始めました[1]。目的は世の中のあらゆる金利を引き下げることでお金を流通しやすくして、景気をよくすることにあります。

　金利が大きく下がれば、家や車をローンで購入しやすくなります。また、ビジネスを開始する時にも銀行からお金を借りやすくなります。お金を使う機会が増えれば、物価も上がりやすくなり、日本銀行が目指すデフレ脱却に役立つと考えたわけです。

2．マイナス金利の仕組み

（1）マイナス金利の意味

　マイナス金利とは経済学用語の一つであり、金利がマイナスになるということです。金利がマイナスというのは、本来は金利をもらえるはずのお金の出し手が逆に金利を払うということです。

　マイナス金利政策とは金融機関から中央銀行である日本銀行の当座預金で預かっている一部の預金の金利をマイナスに引き下げる政策です。すなわち、日本銀行が政策金利をゼロ％よりも低い水準にする政策です。民間銀行は日本銀行に資金を預けると、金利を支払う必要が出てくるため、民間企業の融資や有価証券の購入に資金を振り向ける効果を見込みます。

　マイナス金利を導入して、金融機関には融資額を増やすなどして、市中にお金が回るようにし、景気を刺激させる意図があると考えられます。

　なお、家計や企業が民間銀行に預ける預金金利をマイナスにするわけではありません。つまり、私たち一般の預金者に"マイナス金利"が適用されるわけではありません。

（2）日本銀行のマイナス金利政策

　日本銀行がマイナス金利政策を決定した時の主なポイントは次のとおりです。

① 「マイナス金利付き量的・質的金融緩和」を導入する
② 「マイナス金利付き量的・質的金融緩和」では、量・質・金利の三つの次元のすべての金融緩和手段を駆使して２％の物価上昇の早期実現を図る
③ 民間金融機関が日銀当座預金に預けたお金に対して支払う金利（付利）をマイナス０.１％に引き下げ、今後、必要ならさらに金利を引き下げる
④ 日銀当座預金を３段階（スイスなど欧州で採用されている階層構造方式）に分割し、それぞれプラス・ゼロ・マイナス金利を適用する
⑤ マネタリーベースを年80兆円増加させる金融市場調節方針を維持する

日本銀行のマイナス金利政策のポイントを図で示すと以下のようになります。

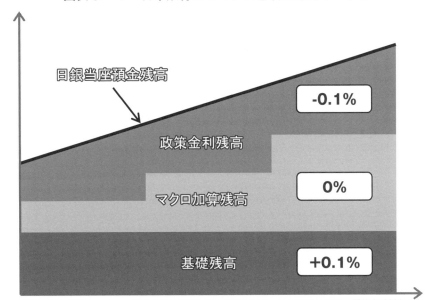

図表６－１　日本銀行のマイナス金利政策のポイント

出所：日本銀行ホームページ「２％の物価安定の目標とマイナス金利付き量的・質的金融緩和：本日の決定のポイント（2016年１月29日公表）」
(http://www.boj.or.jp/mopo/outline/qqe.htm/)

3. マイナス金利のねらい

　銀行は預金や貸出しの増減で日々過不足が生じるお金の量を調整するため、お互いに一晩や数日といった短い期間でお金を貸し借りする取引を手がけます。その際の金利が個人や企業にお金を貸したり国債などで運用したりする場合の基準になります。マイナス金利政策の影響で短い期間の取引の金利が下がり、それにつれて数カ月や数年単位の

金利も下がっていきます。

　金利低下によって家計の消費や企業の投資を喚起するねらいがあります。また国内の金利が低下することで海外との金利差が広がり、為替は円安に振れやすくなります。

4. マイナス金利政策の影響

（1）マイナス金利政策の効果

　マイナス金利政策には消費刺激のほかに外国為替市場で円安を促す効果があります。円安が進むと日本が輸入する製品や素材の円換算の購入価格が上がり、物価の上昇につながります。自動車や電機などを輸出する企業も円安になれば輸出しやすくなります。円安で景気や物価を押し上げる効果が期待できるわけです。

　私たちの生活では、マイナス金利政策の恩恵として家や車などを買う際に利用するローン金利が引き下げられます。また、企業が資金を調達する際の金利も下がるということです。

（2）マイナス金利政策の悪影響

　銀行は預金と貸出金の金利差の部分（利ざや）を収益の柱にしています。金利全体が大きく下がると利ざやが縮んでしまい、安定した収益を得られなくなります。銀行は預金などで集めたお金を企業の生産や家計の消費などの経済活動に流す仲介機能を担っています。仮にマイナス金利政策を導入したことで銀行の経営が苦しくなれば、実体経済がうまく回らなくなり、景気に悪影響が及ぶという皮肉な結果を招きかねないことにもなります。

　また、資金運用面では金利低下によりこれまで預金の利息を生活費の一部に充ててきた年金生活者などは悪影響を被ることになります。

5. 欧州のマイナス金利政策

　マイナス金利政策は、2012年7月に北欧のデンマーク（この時は、いったんプラスに転じたあと、2014年9月に再びマイナス金利となりました）、2014年6月に欧州中央銀行（ECB：European Central Bank）、2014年12月にスイス、そして、2015年2月に

スウェーデンが日本に先行して採用しています。

　欧州諸国は、地理的に経済の依存関係が強く、対ユーロの為替レートが経済に与える影響が極めて大きいのが特徴です。歴史的にも、為替変動を一定の幅に抑制するメカニズムを制度として採用するなど、経済政策の重要な要素として伝統的に為替の安定に意を注いできた経緯があります。

　こうした背景のもとで、一部の欧州諸国がマイナス金利政策を採用した主な目的のひとつは、自国の行き過ぎた通貨高を抑制すること（為替相場安定）、もうひとつは、デフレを回避すること（物価安定）にあります。デンマークとスイスは自国通貨高の抑制を、ECBとスウェーデンはデフレ回避を主目的にしていたと考えられます。

6.マイナス金利政策の心構え

（1）株式、投資信託などの投資

　マイナス金利の影響を受けて利息がほとんど付かないから株式や投資信託、あるいは外国為替証拠金取引（FX：Foreign Exchange）などに投資したほうがもうかるといわれる人が多いと思います。しかし、低金利が続いている中で、たとえば、預金金利が仮に0.02％から0.01％へと下がったところで、100万円について金利が100円少なくなるだけです。一方、投資信託は一般に持っているだけで手数料がかかります。金利が減った分よりも手数料の負担や価格の上下によって損をすることのリスクのほうが大きいこともあります。この場合、わずかな金利の低下だけで焦って株式や投資信託に投資するより、リスクとリターン、コストを慎重に考えて判断したほうがよいでしょう。

（2）マイホームの購入

　マイナス金利の状況下で、住宅ローンが低いことを判断理由にマイホーム購入を決断するというのも一つの手段です。しかし、マイホーム選びは、私たちの人生を大きく左右する大きなイベントです。そして、多くの人の人生にとってマイオーム購入ほど大きな買い物はありません。さらに、一度購入してしまったら簡単には方針転換できませんから失敗を避けなければなりません。

　マイホームを購入するためには、消費税や登記料など、さまざまな費用がかかります。ローンを組むにも、保証料がかかります。これらをトータルすると、最低でも100万

円は必要となるでしょう。ということは、3000万円のマンションを購入するなら最低でも700万円（頭金を2割とすると600万円＋100万円）は、現金で貯めておかなくてはいけないということになります。

　超低金利だからこそ、ローン借入れ後の金利上昇による返済リスクなども想定しながら、できるだけ余裕のある資金計画を考えておく必要があります。

●ポイント

　マイナス金利のメリットは、銀行などの金融機関が積極的に貸出しを行う動きになるため、企業が事業資金などで借りるお金や、個人が住宅ローンなど借りる時の金利が低くなるため市場が活気づくと期待されることです。一方、デメリットは、銀行に預けている預金がマイナスにならないまでも金利が低く抑えられることです。また、長期金利低下の影響によって、銀行や生命保険会社が手数料の引き上げや預金金利、配当金の減少などの対応を行うことが考えられます。

【注記】
1）マイナス金利導入といっても超過準備預金のすべてにマイナス金利を付するわけではない。これまでプラス0.1％の金利を付けてきた超過準備預金の2015年平均残存額と比べた増加分に対して、マイナス0.1％を課するという方式である。

Column 3
FX取引とは

　FX取引とは、一定の証拠金（保証金）を業者に預託し、主に差金決済による通貨の売買を行う取引のことです。

　正確には、外国為替証拠金取引（Margin Foreign Exchange Trading）と言い、略してFXと呼びます。FX はForeign Exchange ＝外国為替の略に由来しています。

　投資家はこの取引を利用することで手元資金以上の為替売買ができます。この効果をレバレッジ効果と言います。

　FX取引は，為替相場の予測が的中すれば手元資金を超える大きな利益が期待できるものの，為替相場が予想に反して変動した場合には，手元資金を超える大きな損失を被る可能性があり，ハイリスク・ハイリターンの特質を持つ取引と言えます。

　FX取引には、公的な市場で取り扱われる取引所取引（東京金融取引所の「くりっく365」）と店頭で行われる非取引所取引（店頭取引）があります。

　なお，外国為替相場には，株式相場と異なり1日の値幅を制限する値幅制限がないため，実際の取引では相場の思惑がはずれて評価額が一定を超えた場合，それ以上損失が拡大しないように反対売買をするストップロス（損切り）制度を導入しているところもあります。

〔FX利用時の注意点〕
　①FX取引は、外国為替レート、金利の変動で損害を被るリスクがあり、投資元本は保証されないこと
　②FX取引は、少額で取引できる反面、差し入れた保証金以上の多額の損失が生ずる恐れのある非常にリスクの高い取引であること
　③取引を行う場合は、取引の内容や取引に内在するリスクなどの説明を受け、実際に為替取引がどのように行われるか、差し入れた保証金はどのように管理・保全されているのかなど、リスクを認識した上で、自らの責任で適切な投資判断を行うこと

Chapter 7
不動産の取引

1.業者の選定

　宅地または建物の売買、交換または貸借の代理・媒介を行う宅地建物取引業者は、信頼・実績が十分にある業者であることが望ましいです。

　宅地建物取引業者には、

① 宅地または建物の売買、交換の代理・媒介を専門とする業者

② 貸借の代理・媒介を専門とする業者

③ ①と②の両業務を行う業者

の3業態があります。業者の中には自らマンション建築・宅地造成を行い、その分譲を行うなど建設や土木工事にも優れているものもあり、その能力もそれぞれ異なります。また、規模もさまざまであり、全国規模で事務所を展開している業者、地域的規模の業者などさまざまです。

　選定に当たっては、規模については免許が国土交通大臣免許（2以上の都道府県に事務所が設置されている）であるか、都道府県知事免許（事務所は1都道府県のみ）であるかが一つの判断材料となり、実績については免許の更新回数が判断材料の一つとなります。

2.不動産の売買契約

（1）媒介契約

　媒介とは、土地や建物を売却（賃貸）する、あるいは購入（賃借）するといった不動産の取引を当事者の依頼により、当事者双方の間をとりもって、売買契約（賃貸借契約）を成立させる行為を言います。

　宅地建物取引業者は、宅地建物取引業法により売買・交換の媒介契約を締結した際、一定の事項を記載した書面（媒介契約書）を交付しなければなりません。賃借の媒介にはこの規制はありません。

　媒介契約には、一般媒介契約、専任媒介契約、専属専任媒介契約の3種類があり、そ

の内容等は、図表7-1のとおりです。

図表7-1 媒介契約の種類と内容

内容＼種類	一般媒介契約	専任媒介契約	専属専任媒介契約
媒介契約の内容	依頼者が他の業者に重ねて依頼できるもの（自己発見取引(注)もできる）	依頼者が他の業者に重ねて依頼できないもの（自己発見取引はできる）	専任媒介契約のうちで自己発見取引ができないもの
有効期間	法律では定めはない（標準媒介契約約款では3カ月とする）	3カ月	3カ月
指定流通機構への登録義務	なし	あり（媒介契約から7日以内）	あり（媒介契約から5日以内）
業務報告義務	なし	2週間に1回以上	1週間に1回以上

注：自己発見取引とは、依頼者が自ら発見した相手方との取引を言う。

（2）売買対象面積

登記簿の表題部には土地や建物の面積が記載されていますが、登記簿上の面積と実際の面積は一致しているとは限りません（図表7-2）。

図表7-2 マンションの専有部分の床面積の計算

内法面積	壁の内側の線で囲まれた部分の面積。登記簿上の専有面積。
壁芯面積	壁の中心から計算した面積。一般にマンションなどが青田売りされる場合の面積(パンフレットや契約書に記載される面積)。

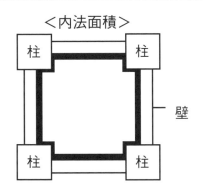

<内法面積>

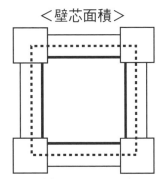

<壁芯面積>

（注）必ず「内法面積＜壁芯面積」となる

43

(3) 売買代金の内訳

不動産の売買代金の表示は明確でなければなりません。消費税との関係では、不動産のうち土地の譲渡の場合は消費税などの課税対象になりません。しかし、建物の譲渡の場合は課税対象になることがあります。

(4) 手付金

手付金は、契約の締結の際に当事者の一方から交付される金銭で、証約手付、解約手付、違約手付の3種類があります。民法は手付金の性格について、特に契約で定めなかった場合、解約手付と推定しています（民法557条）。解約手付の場合、相手方が契約の履行に着手するまでは契約を解除することができます。買主から解除するときは手付金を放棄して、売主から解除するときは手付金の倍額を償還して契約を解除します。

また、売主が宅地建物取引業者で、買主が宅地建物取引業者以外の場合には、宅地建物取引業法により売買代金の2割を超える手付金を受領することは禁止されています。

なお、宅地建物取引業法では宅地建物取引業者が自ら売主となる宅地や建物の売買契約について、事務所など一定の場所以外で買い受けの申込みまたは売買契約を締結した場合、買主は一定期間に限り書面により申込みの撤回または契約の解除をすることができます。これをクーリングオフと言います（同法37条の2）。

(5) 危険負担

売買契約成立後、引き渡し前に、売主に過失がない建物の焼失や地震による倒壊などが生じた場合には、買主は売買代金全額を支払わなければなりません。これを危険負担と言います。しかし、実際の契約実務では、この危険負担を売主の負担とし、契約解除できるように約定するのが一般的です。

(6) 瑕疵担保責任

売買の目的である不動産に隠れた瑕疵があり、買主が契約の目的を達することができない場合、買主は契約の解除または損害賠償の請求ができます。つまり、売主は、その瑕疵について無過失であっても責任を負わなければなりません。これが売主の瑕疵担保

責任です。ただし、民法上、買主はその瑕疵を知ったときから1年以内に権利を行使しなければなりません。

さらに、2000年4月1日に施行された「住宅の品質確保の促進等に関する法律」（品確法）では、新築住宅（築後1年を経過しない未使用のもの）について、請負、売買のいずれの契約においても、当該新築住宅の請負人または売主は、その注文者または買主に対して引き渡したときから10年間（契約により20年間まで伸長可能）、住宅の構造耐力上主要な部分等の隠れた瑕疵についてその担保責任を負わなければなりません。これに反する特約で、注文者または買主に不利なものは無効とされます。

3. 不動産の賃貸借契約

（1）借地借家法とは

借地借家法は1992年8月1日に施行され、以前からあった借地法や借家法は廃止されました。

ただし、旧法に基づいて成立した権利関係には既得権があり、すべてに借地借家法を適用すると社会的に混乱が生じるため、旧法のもとに成立した借地、借家関係には主要な部分につき旧法を適用することとしました。そこで、現在では旧法による借地、借家関係と借地借家法による借地、借家関係が存在することとなります。

（2）借地関係

借地権は、旧借地権（既存借地権、旧法：1992年7月31日までに設定）と新借地権（普通借地権、新法：1992年8月1日より設定）とが混在しており、定期借地権（3種類）も加わり全部で5種類が存在します（図表7－3）。

新法では、借地関係を終了させる場合の正当事由が具体的に規定されました。なお、旧法で契約したものは、更新時にも旧法の契約の効力が更新されます。

建物の所有を目的とする土地の賃借権または地上権を「借地権」と言い、借地借家法の適用があります。ただし、一時的に使用することが明らかな場合は、借地借家法の一部の規定は適用されません。

土地の賃借権に関しては、借地権の登記がなくても当該土地上の建物について登記をすれば、第三者に対抗できます。

① 普通借地権

普通借地権は、借地借家法による更新のできる借地権を言い、旧借地法による既存借地権に比べ正当事由の明確化などが図られました。

正当事由の具体例は、❶貸主や借主が建物を必要とする事情、❷建物の利用状況、❸建物の現況、❹貸主の立ち退き料等の提供などです。

また、借地借家法では、建物があることを条件として、借地人からの更新請求による更新と土地の使用を継続することによる更新を認めています。

図表7－3　普通借地権（新法）と定期借地権の比較

	普通借地権（新法）	定期借地権		
		一般定期借地権	建物譲渡特約付借地権	事業用定期借地権
存続期間	30年以上	50年以上	30年以上	10年以上50年未満
借地権契約の更新	最初の更新は20年以上　2回目以降10年以上	なし	なし	なし
建物の目的	制限なし	制限なし	制限なし	もっぱら事業の用に供するものに限る(注)
契約方法	制限なし	公正証書などの書面による	制限なし	公正証書に限る
終了時の措置	原則として更地で返還	原則として更地で返還	建物付きで返還。ただし、借地人が借家人となって使用継続は可能	原則として更地で返還

注：自己使用・賃貸事業用・社宅・寮など居住用は認められない。一部でも居住用不可。

② 定期借地権

定期借地権は、借地期間が満了すれば更新されずに土地所有者へ土地が返還されます。契約形態には、一般定期借地権、建物譲渡特約付借地権、事業用定期借地権の3種類があります。

③ 借地借家法の改正

2008年1月1日より「借地借家法の一部を改正する法律」が施行され、事業用借地権の存続期間の上限が従来の「10年以上20年以下」から「10年以上50年未満」に引き上げられました。この改正により、借地人となる事業者にとっては事業内容や建物の構

造・償却年数に応じた存続期間の設定が可能となり、比較的長期の事業であっても採算性が確保されるようになると考えられています。また、より所有者・ユーザー双方のニーズに応じた期間の設定が可能となるため土地所有者にとっても土地を貸しやすくなり、結果として土地の有効活用につながり、また土地の有効活用を通じた地域の活性化も期待されます。

(3) 借家関係

借家権は、旧借家権（旧法）と普通借家権（新法）とが混在しており、定期借家権（2000年3月1日施行）も加わって3種類が存在しています。

① 借家権
建物の賃貸借のことを借家権と言います。建物賃借権は、登記がなくても建物の引き渡しで第三者に対抗できます。

② 普通借家権
普通借家権も普通借地権と同じように貸主の正当事由がない限り更新されます。なお、旧法で契約したものは更新時にも旧法の効力で更新されます。

③ 定期借家権
定期借家権は、期間が満了すれば更新されず賃貸借契約は終了します。明け渡しについて貸主の正当事由は必要ありません（立ち退き料も必要ありません）が、普通借家権とは異なり、貸主は借主に対して事前に書面による説明義務が生じます。

④ 造作買取請求権
エアコンや雨戸など、いったん建物に取り付けてしまうと取り外した場合に価値が下がるようなものを造作と言います。旧法では、家主の同意を得て取り付けた造作は借家契約終了時に家主が買い取らなければならず、これに反する特約は無効としていました（造作買取請求権）。

借地借家法では、特約を定めることにより家主は造作を買い取らなくてもよいこととされました。なお、この改正は、旧法により成立した借家関係においても適用され、新たに特約をすることにより、造作買取請求権を排除することができます。

図表7-4　普通借家権（新法）と定期借家権の比較

	普通借家権（新法）	定期借家権
存続期間	・1年以上 ・1年未満の契約期間を定めた場合，契約期間の定めのない契約となる	・契約で定めた期間 ・期間の長短の制限はない （1年未満の契約も可能）
更新と終了	・1年以上の期間の契約は，期間の満了により終了。ただし，正当事由のある更新拒絶をしない限り法定更新 ・契約期間のない契約は，解約申し入れにより終了	・更新はできない。ただし，再契約は可能 ・1年以上の契約の場合，貸主は，期間満了の1年前から6カ月前までに，借主に対して契約が終了する旨の通知が必要
契約方法	口頭の契約でも可	公正証書などの書面で契約。なお，契約締結前に書面で「定期借家権である」旨の説明が必要。説明を怠ると普通借家権となる

4.区分所有法

(1)区分所有法とは

　急速なマンションの普及に呼応して、1962年に制定された「建物の区分所有等に関する法律」を区分所有法と言います。この法律の目的は、マンションなどの区分所有建物をめぐって生ずる法律問題を解決する法的規準を示すとともに、トラブルの発生を未然に防ぐことにあります。

(2)区分所有権

　1棟の建物の各部分が構造上区分され、独立して建物の用途に供することができる場合は、その部分ごとに所有権の対象となり、これを区分所有権と言います。区分所有権の対象となるための要件は、構造上の独立性があることと、利用上（機能上）の独立性があることです。

　専有部分は、構造上の独立性と利用上の独立性を備えた建物の部分です。また、区分所有者が共同で使用・利用するエントランスロビー、廊下や階段などを共用部分と呼び、区分所有者の共有になり、専有部分と分離して処分することはできません。共用部分に

は、廊下、階段などの法定共用部分と、管理人室や集会室などの規約共用部分があります（図表7－5）。

図表7－5　専有部分と共用部分

専有部分		区分所有権の目的となる建物の独立した部分 (マンション○○室など)
共用部分	法定共用部分	廊下・階段など，客観的に見て当然に共用部分とされるもの
	規約共用部分	管理人室や集会室など，本来，専有部分であるべき部分を規約（公正証書を作成）によって共用部分としたもの

(3) 敷地利用権

各区分所有者は、建物の敷地を利用する権利を有していなければなりませんが、この敷地を利用する権利を敷地利用権と呼び、専有部分と分離して処分することはできません（分離処分の禁止）。

(4) 管理組合

区分所有法では、区分所有者は全員で団体を構成し、その団体の意思に基づいて、建物ならびにその敷地および付属施設の管理を行うものとしています。この団体を管理組合と言います。区分所有者は当然に組合員になり、区分所有者である間は脱退の自由もありません。

管理組合は管理を行うに当たって、区分所有法の定めに従い集会を開き、規約を定め、管理者を置きます。集会は管理組合の最高意思決定機関であり、ここでどのような管理を行うかを決定します。なお、管理組合は集会の決議により法人（管理組合法人）となることができます。

(5) 規　約

管理組合における根本の規則が規約（管理規約）です。これは管理組合の法律であり、組合員はこの規約によって拘束されます。規約で定めることのできる事項は広範囲にわたります。

(6) 集　会

　区分所有建物の管理者（管理組合の理事長または理事）は、少なくとも毎年1回集会を招集しなければなりません。また、区分所有者および議決権（専有面積の床面積の割合に応じて持つ持ち分）により、決議を行います（図表7－6）。

図表7－6　集会の決議

決議要件		決議内容
普通決議	過半数の賛成	一般的事項 (小規模滅失による共用部分の復旧)
特別決議	4分の3以上の賛成	・共用部分の重大な変更 ・規約の設定・変更・廃止 ・違反者への措置 ・大規模滅失（建物価格の2分の1超の滅失のこと）による共用部分の復旧
	5分の4以上の賛成	建て替え

●ポイント

　不動産の売買契約などでトラブルが発生する可能性があります。トラブルを避けるためには、事前の情報収集売買契約についての知識が必要です。

　重要事項の説明を受け、契約条件について買い主・売り主双方が合意したら、売買契約を締結します。いったん契約を締結すると、簡単に解除することはできないため、事前に契約内容を十分に確認することが重要です。

　不動産売買契約では、契約締結時に「手付金」と呼ばれる金銭を、買い主が売り主に支払うことが一般的です。手付金には、①証約手付、②解約手付、③違約手付の3種類があります。

Chapter 8
ライフプランニング

1. ライフプランニングの考え方

(1) ライフプランニングとは

　人はそれぞれ自分の価値観に基づく生き方や人生の目的を持っています。この価値観や目的をライフデザインと言います。ライフプランニングとは、ライフデザインに応じた自分と家族の生活設計、つまり、生涯の生活設計(ライフプラン)を立てることです。
　ライフプランニングを考える上で重要なポイントは、「健康」「経済」「生きがい」の三つです。これらはお互いに関連性があり、健康と経済を生活の手段とし、その上で人生の目標となる生きがいをつくり、ライフステージごとにこれらのバランスを取ることが重要です。

(2) ライフプランニングの必要性

　将来の夢や希望は待っていても漠然としていてはかなえられるものではありません。そこで、それらを明確にして自らのライフプランを実現するために必要かつ具体的な方法を考える必要があります。これがライフプランニングが必要とされる理由です。
　また近年、老後の保障についても国の公的年金、会社の企業年金(退職金)の見通しが不透明になっています。老後の生活費の十分な確保は困難な状況となっていますので、不足分は自助努力により準備するしか方法はないといわれています。
　真剣に自分で自分の将来のライフプランを描き、それを実行していくことが求められています。そのためのさまざまな準備をすることが大切です。自分自身のライフデザインを実現するために、ライフデザインに基づくライフプランを立てる、つまり、ライフプランニングする目的がここにあるのです。

(3) ライフステージごとの一般的なテーマ

　人それぞれライフデザインは異なり、ライフステージごとに各者各様のニーズがあります。昨今ライフスタイルが多様化しているため、ライフステージごとのニーズは一様

ではありません。だからこそ、人それぞれのライフプラン作りの必要性が増していると言えます。したがって、ファイナンシャル・プランナーが顧客のプランニングを行う際には、その顧客のライフスタイルを十分に考慮したプランニングが重要です。一方で、一般的な年代別ライフプランニングの特徴を把握しておくことも必要です。

2.ライフプランニングの手法

(1)ライフプランニングの方法

　資金計画では、就職や結婚、住宅取得などのライフイベントに対応した資金ニーズを把握することが必要です。この資金ニーズを把握するために、ライフイベント表や将来の家計の収支を予想するためのキャッシュフロー表を作成し、分析することになります。

① ライフイベント表の作成
　ライフイベント表とは、自分と家族の将来の予定や希望（イベント）を時の流れに沿って表したものです。年次、年齢、イベント、予算や収入などをライフイベント表に盛り込むことにより、漠然としたライフイベントの再確認とその費用と収入の数値化（現在価値）が図れます。

② キャッシュフロー表の作成
　キャッシュフローとは、一定期間（通常は1年間）における家計の全収入と全支出から把握される資金収支と、その結果増減する貯蓄残高のことを言います。これが単年のキャッシュフローです。

　キャッシュフロー表は、現在の収支状況や今後のライフプランをもとに、将来の収支状況や貯蓄残高を予想し表形式でまとめたものです。これが連年のキャッシュフローです。

(ア) 年収と可処分所得
　キャッシュフロー表を作成するに当たり、収入欄には、年収ではなく可処分所得を記入します。
　(a) 年　　収
　直接税（所得税、住民税）や社会保険料を含めた受取総額のことで、表面的な収入の

ことです。

(b) 可処分所得

自分で自由に使える（処分可能）お金のことです。給与所得者の可処分所得は、年収から、必ず支払わなければならない所得税・住民税と社会保険料を差し引いた後の金額となります。

ビジネスパーソンの可処分所得＝年収－（社会保険料＋所得税・住民税）

(イ) キャッシュフローの数値の見積もり

キャッシュフロー表を作成する際には、ライフイベント表に「現在価値」で記入した予算や今後見込める収入を「将来価値」に直す計算を行います。収入、物価、教育費などの変動率（上昇率・下降率）の予測、貯蓄残高の運用利率の予測が重要になります。

また、キャッシュフロー表上の数字の計算は、以下の計算式を使うのが一般的です。

(a) ○○年後の予想額（将来価値）＝現在の金額×（1＋変動率）経過年数
(b) 現在価値＝その時点での金額÷（1＋物価上昇率）経過年数
(c) 年間収支＝年間収入－年間支出
(d) 貯蓄残高＝前年の貯蓄残高×（1＋運用利率）±その年の年間収支

(2)個人バランスシートの作成

キャッシュフロー表を作成することで、年次ごとの現金収支は把握できますが、資産と負債の状況やその問題点の把握は難しいと言えます。

個人の場合にも、企業の貸借対照表のように資産と負債のバランスを示す個人バランスシートを作成することで、資産と負債の状況を把握することができます。

個人バランスシートを作るときは、現状を把握する必要があるため、数値は取得価格ではなく時価で記入します。

図表8－1　個人バランスシートの例

【資産】		【負債】	
現預金	600万円	住宅ローン	3,200万円
外貨預金	100万円	自動車ローン	100万円
株式	300万円	負債合計	3,300万円
マンション	2,500万円		
自動車	150万円	【純資産残高】	350万円
資産合計	3,650万円	負債・純資産合計	3,650万円

3.資金計画と金融商品

(1)人生の三大資金とは

　多くの資金を必要とする「教育資金」「住宅資金」「老後資金」は人生の三大資金と言われています。いずれも計画的に準備する必要がありますが、そのための専用商品や適した金融商品があるため、内容について理解した上で目的に合わせて利用できるとよいと言えます。

　また、公的な教育ローン・住宅ローンの制度もあります。資金の準備方法と合わせて公的ローンの利用条件なども押さえておく必要があります。

　なお、サラリーマンなどの勤労者の場合、三大資金の準備や公的ローンについて、財形制度を利用することができます。

(2)運用目的と金融商品の選択

　運用目的に合った金融商品を選択するには、金融商品の三大特性である流動性・安全性・収益性を考慮します。

① 流動性

　流動性とは、現金化のしやすさのことで換金性とも言います。生活費、不意の出費に備えた予備費や、いつでも引き出せるようにしておきたいお金は、流動性の高い金融商品で確保します。

② 安 全 性

　安全性とは、元本や利息の支払いに関する確実性を言います。元本は保証されてなくても商品性格上、元本の確実性が高い商品もあります。

　おおよそ5年以内に使い途の決まっているお金（教育資金・住宅取得資金など）や老後における生活資金は、目減りしないよう安全性の高い金融商品で運用するのが基本となります。

③ 収 益 性

　収益性とは、利回りや値上がり益が狙えて大きく殖やせるかどうかの度合いのことを言います。元本割れの恐れがあるため安全性は低いですが、高収益が得られる可能性があります。

　当面使い途のない資金や余裕資金、長期投資が可能なお金（老後生活資金準備など）は、収益性のある商品で殖やすことを検討します。

4. 財形制度

(1) 財形制度とは

　財形制度（勤労者財産形成促進制度）は、1971年に制定された勤労者財産形成法（財形法）に基づいて創設されたもので、財形貯蓄制度と財形融資制度から成り立っています。

　財形貯蓄制度は、勤労者の財産形成を援助する目的で設けられた給与天引きによる積立制度です。財形貯蓄は、一般財形貯蓄、財形年金貯蓄、財形住宅貯蓄の三種類があります。また、財形融資制度には、財形持家融資制度（財形住宅融資制度）があります。

　たとえば、財形貯蓄の積立残高が一般財形貯蓄、財形住宅貯蓄、財形年金貯蓄の合計額が50万円以上で、貯蓄期間が1年以上ある人は、持家融資（限度額：貯蓄残高の10倍以内で、最高4000万円まで、購入価格の80％以内）を受けることができます。

総論編

図表8-2　財形制度の種類

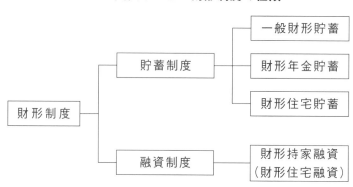

(2)財形貯蓄の概要

　財形住宅貯蓄と財形年金貯蓄は、55歳未満の勤労者に限って、一定限度額まで利息が非課税になる特典があります（目的外の払い出しは、非課税にはならない）。銀行・証券会社などの商品で行う積み立てを貯蓄型、保険会社の商品で行う積み立てを保険型と言います。

図表8-3　財形貯蓄の概要

	一般財形貯蓄	財形住宅貯蓄	財形年金貯蓄
目　的	自由	自己の居住する住宅取得・増改築の費用に充当する	60歳以降に年金方式で受け取る(注1)
年齢要件	なし	満55歳未満	
積立期間	3年以上	5年以上(注2)	5年以上
積立限度額	制限なし	[貯蓄型]　[保険型] 財形年金貯蓄と合わせて元利合計・払込保険料550万円	[貯蓄型]財形住宅貯蓄と合わせて元利合計550万円 [保険型]払込保険料385万円,かつ,財形住宅貯蓄と合算して550万円
税　金	20.315％源泉分離課税(注3)	非課税	
目的外払い出し	―	[貯蓄型]5年間さかのぼって20.315％源泉分離課税(注3)	
		[保険型]すべての利息が20％源泉分離課税	[保険型]すべての利息が一時所得として課税
契　約	1人複数契約も可能	それぞれ1人1契約に限る	

注1：満60歳以降，原則5年以上20年以内に毎年受け取ること。一時金での受取は課税されてしまう。
注2：適当な物件が見つかったなど目的使用の場合は5年未満でも非課税となる。
注3：2013年1月1日〜2037年12月31日に受け取る利息には，復興特別所得税0.315％が上乗せされ、20.315％が課税される。

●ポイント

　個人や家族の生活設計という広い視野で長期的な計画に基づくライフプランニングは、パーソナルファイナンスの土台と言えます。ライフプランニングをすることで、漠然としていた夢や希望を現実に引き寄せ、数値化することにより、ライフプランは具体化され実現されます。また、人生の三大資金といわれる教育資金、住宅資金、老後資金は多額の資金を必要とされるためいずれも計画的な準備が必要です。

総論編

Column 4
ライフステージごとのイベントの特色と保障プラン

　人生には、さまざまな節目があります。人の一生は、その節目によって、独身・新婚期、世帯形成期、家族成長期、家族成熟期、定年退職期・老後期といったライフステージに分けることができ、そのステージごとに各自各様のニーズがあります。昨今では、ライフスタイルが多様化しているため、ライフステージごとのニーズは画一的ではありません。だからこそ、人それぞれのライフプラン作りの必要性が増していると言えます。ここでは、一般的なライフステージごとのイベントの特色と保障プランを挙げておくこととします。

第1ステージ　独身・新婚期（20代）

① 就職と同時に将来のライフプランに備えて、貯蓄や運用の仕方、保険の入り方、ローン・クレジットなどについての知識を身に付け、パーソナルファイナンスをスタートする時期である。

② 20〜30歳代の若いうちでも、病気やけが、災害に遭う可能性もある。まずは、公的保険でどのくらい保障があるかを確認した上で、独身のうちは病気やけがについて公的保険でカバーできない金額を、民間の医療保険、がん保険、傷害保険といった保障で確保するとよいだろう。そして結婚後は、万一のときに備えて家族の生活をカバーできるような死亡保険（定期保険・終身保険）への移行を検討しよう。

第2ステージ　世帯形成期（30代）

① 大きなイベントが目白押しになる。出産、子育て、住宅取得等といった人生のイベントが続く。住宅を購入する世帯は自己資金、子どもがいる世帯は教育資金など、さまざまな資金準備が必要な時期である。

② 世帯主死亡時の保障として、生命保険で遺族保障（死亡保障）を確保することを考える。また、災害への備えやマイホーム購入時の住まいの保険（火災保険・地震保険）、マイカー購入時の自動車保険等を検討する時期でもある。

第3ステージ 家族成長期（40代）

① 住宅を購入した世帯では住宅ローンの返済、子どもがいる世帯では教育費の負担が大きい時期であるが、個人年金保険などを含めて老後資金の準備をスタートさせる時期でもある。

② 生命保険は死亡保障・医療保障について保障がいつまで必要か見直すことも考える。

③ 親の介護問題について考えることも大切である。

第4ステージ 家族成熟期（50代）

① 子どものいる世帯では、子どもの自立により家計負担が軽くなる時期である。老後生活設計（リタイアメントプラン）を綿密に立て、老後資金の準備を本格的に行う。

② この年代はすでに加入している生命保険や積立型の損害保険が満期を迎えたり、生命保険の重点保障期間が満了する時期となることもあり、保険内容の確認と必要保障額の見直しも必要となる。また、保険は死亡保障から医療保障へ重点を変えることも考える。

第5ステージ 定年退職期・老後期（60代～）

① 退職金による住宅ローンの残債の完済、住宅のリフォーム資金時期が検討課題となる時期である。退職金やこれまで貯蓄した老後資金を確実に運用していく。

② 介護が必要となった場合に備えて、自助努力として民間の介護保険への加入も検討する。

以上のように各々のライフステージにおけるイベントの特色は、年代により異なります。まずは、現在、ライフサイクルの中のどのライフステージにいるのかを考え、そのステージにおけるイベント達成に重点を置いたライフプランを立てるようにすることが大切です。

Chapter 9
教育資金計画

　子ども1人当たりの教育費は、幼稚園から大学卒業まですべて国公立の学校に行っても、通常1000万円程度必要だといわれています。この金額は、学校教育費だけでなく、塾やおけいこ事などの家庭教育費まで含みますが、高校・大学が私立だと、1500万～2000万円程度は必要になるでしょう。子どもが2人いる場合は、約2倍の金額を用意しなければなりません。

(1) 教育資金の作り方

① こども保険・(新) 学資保険

　こども保険、(新) 学資保険は、一般の生命保険会社や損害保険会社、かんぽ生命保険などから発売されています。(積立) こども保険 (最長22歳満期) や (新) 学資保険 (最長22歳満期) が代表的なものです。一般に契約者を親、被保険者を子として加入し、保険期間中に契約者 (親) が死亡した場合、以降の保険料の払い込みが免除される保障機能があります。さらに、契約者死亡後、保険期間が満了するまで、育英年金が支払われるタイプもあります。

　なお、昨今の低金利により、支払保険料よりも総受取額の方が少ないケースもあります。

② 教育積立郵便貯金

　旧郵便局の商品で、1年以上5年以内の積立期間を設定して最高200万円まで貯金できるものです。2007年10月以降、新規募集はありませんが、2007年10月より前から積み立てていた場合は、積立終了後、ゆうちょ銀行のあっせんで日本政策金融公庫 (旧国民生活金融公庫) から積立金と同額 (200万円) の融資を受けられます。

(2) 教育ローン

　ある程度、自力で教育費の準備をしてきても、私立の高校や大学に複数の子どもが同時に通う時期など、貯蓄だけでは対応し切れない場合が考えられます。そのようなとき

には、教育ローンを利用することになります。

教育ローンも住宅ローンなどと同様、公的融資と民間融資に分けられます。公的教育ローンは、低利の固定金利で借りられるという特徴があります。

公的教育ローンには、日本政策金融公庫（旧国民生活金融公庫）を通じて行われる国の教育ローンがあります。

また、国の教育ローンの使途は、学校納付金、受験費用、住居費用、教材費、パソコン購入費、通学費、国民年金保険料など幅広く認められています。

一方、民間の教育ローンは各社で商品内容が異なりますが、有担保か無担保、変動金利か固定金利のいずれかを選択することになります。

図表9－1　国の教育ローンの概要

	国の教育ローン（一般貸付）
窓口	日本政策金融公庫
保護者の年収要件	たとえば、子ども1人の場合、年収790万円（所得590万円）以内(注)
融資限度額	学生・生徒1人につき350万円以内
返済期間	最長15年
金利	固定金利

注：ただし、子どもが1～2人の世帯で、年収の上限は通常790万円（所得590万円）（1人）～890万円（所得680万円）（2人）であるが、「家族に自宅外通学者がいる」、「年収に占める教育費の割合が30％超」などの要件を満たせば、特例で990万円（所得770万円）まで利用できる。

(3) 奨 学 金

奨学金制度には大きく分けて給付、貸与の2種類があり、返済する必要がないものが給付、全額返済しなければならないものが貸与です。

給付奨学金は企業や自治体の主宰する奨学金に多いです。

貸与奨学金の代表的なものとして独立行政法人日本学生支援機構（JASSO：Japan Student Services Organization）があります。国内の大学院・大学・短期大学・高等専門学校・専修学校（専門課程）に在学する学生・生徒が対象です。日本学生支援機構の奨学金には、無利息の第一種奨学金と利息付きの第二種奨学金があります。第二種奨学金は、第一種奨学金よりも緩やかな基準によって選考された者に貸与されます。

また、日本学生支援機構では、2018年度より給付型奨学金制度が導入されることになりました（一部は2017年度進学者から実施）。この制度は、経済的に困難な状況にある低所得の生徒に対して、大学等への進学を後押しすることを目的としています。

●ポイント

　教育資金設計の最大の特徴は、子どもが生まれた時点で、資金が必要になる時期がある程度確定することです。したがって、子どもが小さい時から計画的に準備していくことが大切です。教育資金の準備に当たっては、こども保険・学資保険、教育ローン、奨学金などを活用する方法があります。

Chapter 10 住宅取得資金計画

1.自己資金の作り方

　専用の積立制度を利用して計画的に積み立てた人が、住宅を取得するときに公的ローンの融資が受けられる制度には、前述した財形貯蓄（財形持家融資を利用可）があります。

2.住宅取得と諸経費

　住宅取得のための諸費用としては、ローン事務手数料、ローン保証料、団体信用生命保険料、火災保険料、仲介手数料、引っ越し代、家具代などが挙げられます。その他に、消費税（建物、仲介手数料、ローン事務手数料など）、印紙税、不動産取得税、登録免許税などの税金が挙げられます。

3.公的ローン

　公的ローンには、財形貯蓄者が利用できる財形持家融資（財形住宅融資）や地方自治体融資などがあります。

① 財形持家融資

　財形持家融資制度は、国と事業主が協力して、勤労者の財産の主要な柱である持家の取得を促進しようとする融資制度で、転貸融資および直接融資があります。
　転貸融資とは、独立行政法人勤労者退職金共済機構 勤労者財産形成事業本部が、事業主等に資金を融資し、その資金を勤労者に貸し付ける制度です。貸付けを受ける場合には以下の条件を満たしていることが必要です。
（ア）継続して1年以上財形貯蓄を行っていること
（イ）借入申込時に50万円以上の財形貯蓄を有していること
（ウ）借入申込日の2年前の日から借入申込日までの期間内に定期的に積立を行っていること

　なお、融資を受けることができる金額は、財形貯蓄残高の10倍相当額（最高4000万円）で実際に要する費用の90％相当額までです。また、5年ごとに金利が見直される5年

固定金利です。さらに、財形持家転貸融資制度を採用していない企業の勤労者に対しては、住宅金融支援機構（沖縄県にあっては沖縄振興開発金融公庫）が、勤労者に対して直接融資します。

② 地方自治体融資

地方自治体の融資は、地域により制度が異なります。一般的に、ローンの形態は大きく分けて以下の三つです。
（ア）直接融資：地方自治体の資金を直接融資する
（イ）融資あっせん：地方自治体が特定の金融機関をあっせんし、その金利の一部を負担する
（ウ）利子補給：特定の金融機関を利用した場合に金利の一定割合を補給する

4.民間住宅ローンの仕組み

銀行や生命保険会社などの民間金融機関が取り扱う住宅ローンは、金利設定の仕方や返済方法により次のように分類できます。

（1）民間住宅ローンの金利

民間住宅ローンの金利には、固定金利型、変動金利型および固定金利選択型の三つがあります。固定金利型は、借入期間中の金利が固定されている住宅ローンです。金利情勢には連動しませんので、低金利時代に固定金利の住宅ローンを組むことは、長い目で見ると有利かもしれません。また、変動金利型は、借入期間の途中で金利が変動する住宅ローンです。金利情勢に連動し、金利上昇局面ではローン金利も連動して上昇します。さらに、固定金利選択型は、当初一定期間に限って金利が固定される住宅ローンです。
固定期間終了後は、その時点の金利で再度固定期間を選択するか、または変動金利型に移行できるのが一般的です。

（2）民間住宅ローンの特徴

民間住宅ローンの特徴は以下のとおりです。
① 対象物件に対する制限が少ないこと（特に、築年数に関する規制はほとんどない）

② 収入基準が比較的緩やかであること
③ 返済終了時の年齢制限があること（年齢制限は金融機関によって異なる）
④ 金利は融資実行日のものが適用されること（公的ローンでは申込日の金利が適用されるが、民間住宅ローンは融資実行時点の金利になるのが通常である）
⑤ 団体信用生命保険がセットされていること

（3）フラット35

「フラット35」とは、住宅金融支援機構の証券化支援事業を活用した、民間金融機関が提供する最長35年の全期間長期固定金利住宅ローンです。

さらに、2009年6月から償還期間を最長50年とする「フラット50」も創設され、長期優良住宅に限定して融資限度額6000万円、融資上限6割で利用できるようになりました（フラット35との併用が可能なので、併用すれば10割まで融資が受けられる）。利用できるのは44歳未満の人です（親子リレー返済の場合は44歳以上でも利用可）。

（4）住宅ローンの返済方式

住宅ローンの代表的な返済方法には元利均等返済と元金均等返済があります。

① 元利均等返済方式

毎回の返済額が同じになるよう元金と利息を返済していく方式です。

この方式は、返済当初のうちは利息の支払額が多く、元金の返済額が極めて少ないのが特徴です。同じ金額を借りた場合、元金均等方式に比べて最初の時期の返済は、この方式の方が返済額が少なくて済むので楽ですが、返済終了時までの総返済額は多くなります。民間金融機関のローンはこの方式が一般的です。

② 元金均等返済方式

この方式は、毎回の返済額は同じではないですが、返済額のうち元本部分は毎回同じ金額ずつ返済していく方式です。この方式は、利息の支払いが毎回減っていき、元本部分の支払いは返済終了時まで同じ金額です。

同じ金額を借りた場合、元利均等方式に比べ最初のころの返済が多く大変ですが、返済終了時までの総返済額は少なくて済みます。

両方の返済額の比較をすると以下のとおりです。

	当初返済額	利息の支払総額
元利均等返済	少ない	多い
元金均等返済	多い	少ない

(5)住宅ローンの繰上返済

通常の返済とは別に、元金の一部または全部を返済することを繰上返済と言います。繰上返済した元金にかかる利息が不要になるため、利息の軽減とトータルの返済額の軽減を図ることができます。繰上返済の方法には期間短縮型と返済額軽減型があります。

期間短縮型は、毎回の返済額は変えず、返済期間を短縮する方法です。また、返済額軽減型は、返済期間は変えず、毎回の返済額を少なくする方法です。

元利均等返済の場合、できるだけ早いうちに繰上返済を行った方が、軽減される利息は多くなります。

なお、期間短縮型と返済額軽減型の比較をすると以下のとおりです。

	繰上返済後の毎回返済額	利息軽減効果
期間短縮型	変わらない	高い
返済額軽減型	減る	低い

つまり、同一条件であれば、一般的に期間短縮型の方が利息軽減効果が高くなります。

(6)住宅ローンの借り換え

借り換えとは、金利が高く設定されているローンを低金利の民間ローンに借り換えて、利息の軽減を図ることを言います。借り換えは新規でローンを組むため、諸経費をあらためて考慮する必要があります。

借り換えを行った場合、手数料などの諸費用が数十万円かかるため、一般的には、「ローン残高500万円以上、残存返済期間10年以上、借り換え前後の金利差1％以上」が、借り換えを行ってメリットがあるケースだとされています。

なお、公的ローンや民間ローンを、民間ローンに借り換えるケースのみ可能となっています。

●ポイント

　住宅取得は多額の資金を必要とします。住宅取得資金計画は大きく分けて、自己資金（頭金と諸費用）作りと住宅ローンの組み方に分けられます。

　住宅ローンの借り入れ可能額は、購入価格の80％～90％までとする場合が多いため、一般的に少なくとも購入価格の10％～20％（できれば20％以上）の頭金と、住宅取得に関する諸経費を自己資金として準備する必要があります。また、資金計画を立てる上で大事なのは、家計に無理なくローン返済を続けられるということです。

Chapter 11
リタイアメントプランニング

1.リタイアメントプランニングの意義

(1)リタイアメントプランニングとは

　老後の生活設計のことを特にリタイアメントプランニングと言います。日本は世界一の長寿国であり、人生90年、100年をどう豊かに暮らしていくかが大切なテーマです。ところが、急速に進展する少子高齢化により、老後の収入の多くを占める公的年金が打撃を受け、若い世代は老後生活を公的年金だけに頼ることは難しくなっています。
　長生きになったことにより、健康・生きがい・お金に関する不安という「長生きリスク」についても考えなければならず、これらの不安を少しでも解消できるリタイアメントプランニングが望まれています。

(2)リタイアメントプランニングの二つの側面

　リタイアメントプランニングには二つの側面があります。一般的には退職後のライフプランニング（老後資金運用プラン）を指す場合が多いですが、現役時代における老後資金形成プランもリタイアメントプランニングに含まれます。
　このように、リタイアメントプランは、退職を間近に控えた人のためだけでなく、若い現役世代もできるだけ早い時期から取り組むことが求められています。

2.退職後の必要生活資金

　リタイアメントプランニングといっても個人によって家族状況をはじめ、収入や支出、保有資産の内容も異なるため、さまざまな提案方法が考えられます。退職後は収入がなくなったり、減少するため、経済的な不安が大きく、現在、保有している資産や予測できる退職金や年金などをどのように活用しながら老後資金の不足額を補っていくかがポイントとなってきます。収入が減ってもその割合だけ生活費が抑えられるものではなく、将来の生活設計に従って見積もっていく必要があります。そのためには具体的に退職後の生活をイメージして、ライフイベント表を早い段階から作成しておかなければなりま

せん。ライフイベント表の作成は、夫婦や家族と十分話し合って決めていかなければ実行される可能性が少なくなり、プランニング自体が無駄になります。いろいろな意見を出し合い、家族全員が豊かな生活を送れるような統一したライフデザインを描き、それに向かって取り組んでいくことが大切です。

（1）ライフデザインの考え方

ライフデザインの基本的な考え方を挙げれば以下のとおりです。
① 「健康」「生きがい」「人間関係」「お金」をバランスよく考える
② 将来の目標や希望は何か
③ 余暇はどう過ごすのか
④ 誰と生活をしていくのか
⑤ どこに住むのか
⑥ 相続はどうするのか
⑦ 配偶者に先立たれた後はどうするのか

ライフイベント表に基づいてリタイアメントプランを作成していくことになりますが、退職後の家庭経済を見積もるためには、現在の資産状況を表す財産簿やリスク管理表を作成するとともに、収入と支出の内容を家計簿で把握する必要があります。

（2）老後資金の形成プラン

老後資金の形成プラン作成に当たっては、老後生活にどれくらいの資金が必要になるかを見積もることになります。基本生活費だけでなく、趣味・旅行など老後生活にゆとりを持たせるための生活費、住宅のリフォーム・建て替えの資金、子どもに対する援助資金、医療・介護の資金、遺族に残しておく資金など、生活全般を見通した見積もりが必要です。

さらに、自助努力による老後資金形成プランのための金融商品として、各種積立商品、個人年金保険、投資信託などを活用することを検討します。その際も顧客のライフプラン、家計状況、保有する金融資産、リスク許容度、金融商品の嗜好などを勘案して、利用する金融商品を絞り込むことになります。

（3）老後資金の運用プラン

　退職後の生活が始まると、一般的には在職中と比べて収入が減少し、公的年金および在職中に準備した自助努力分が老後資金の主な原資となります。したがって、特に自助努力分については、金融・経済情勢を考慮しながら効率的に運用することに留意しつつも一般的に収入が減少しリスク許容度も低下することから、安全性と流動性を重視した金融資産の運用が望まれます。

　ただし、余裕資金を保有している人の場合には、リスクのある商品をある程度加味することを望むケースもあります。その場合も今後のライフプランを十分に勘案して、リスク商品を運用商品全体の中にどの程度組み込むか、どの商品を選択するかを慎重に決定する必要があります。

　そのほか留意しておきたい点は、各種金融機関が破たんしたときのリスクに備えることです。

　銀行・信託銀行・信用金庫などの預金、生損保会社の個人年金、証券会社などが扱う有価証券などがどのように保護されるのかについて把握し、同時に取引している金融機関の現状について、各種ディスクロージャー資料や格付け会社の情報などを入手し、金融機関の健全性をチェックすることが重要になります。

（4）平均余命

　平均余命とは、ある年齢の人々が、その後何年生きられるかという期待値のことです。国勢調査が実施される5年に1回、国勢調査人口と人口動態統計確定数に基づいて作成される「完全生命表」と、厚生労働省が人口動態統計（推計）と推計人口を用いて毎年作成される「簡易生命表」を発表しています。

　平均寿命とは、0歳の平均余命です。平均余命は男女別に算出されており、これをもとにして生命保険で支払う保険料が計算されています。加入する人の年齢や男女別によって保険料が異なっているのは、この平均余命が根拠になっています。

　老後の必要（不足）資金を見積もり、それを準備するためには、公的年金制度や平均余命などを理解しておくことが重要と言えます。

3.老後の保障

　高齢になると医療や介護に関する費用が掛かることが多くなります。その前提となるものが公的医療保険制度・介護保険制度です。これらの制度は、今後、高齢化社会が進むにつれて制度改正・改編の増加が予測されるため、老後生活におけるリスクマネジメントを考える上では細心の注意を要します。

　また、医療資金を自助努力で準備する方法として、保険の活用があります。民間の生損保会社では、病気やけがで入院した場合、入院した日数に応じて入院給付金が支払われる、いわゆる医療保険を販売しています。入院に関する保障を主契約として加入できるため、死亡保障はなくてもよいが入院に関する保障を確保したいという人に適した保険商品と言えます。

　このタイプの保険では、何日以上入院すれば入院給付金が支払われるのか、1回の入院で最長何日分の入院給付金が支払われるのか、通算で何日分支払われるのか、保険期間はいつまでか（定期型か終身型か）、死亡保険金や解約返戻金の有無はどうかなどが商品選択のポイントになります。

　また、医療保障は、全国労働者共済生活協同組合連合会（全労済）、都道府県民共済でも利用できるほか、JAやかんぽ生命でも主契約に付加する特約で入院費用の保障を確保できます。

●ポイント

　リタイアメントプランニングとは、定年退職後のライフプランのことです。つまり、自分の希望する老後をどのように生きていくかの生活資金設計のことを言います。リタイアメントプランニングを立てるに当たって、いつ、いくらの生活資金が必要で、そのための収入源をどうするのかがポイントとなります。

　また、リタイアメントプランは、定年退職を間近に控えた人だけでなく、若い世代もできる限り早い時期から考えることが望ましいと言えます。

Chapter 12 成年後見制度

1. 成年後見制度とは

　成年後見制度とは、認知症や知的障害者、精神障害者など、判断能力が不十分である人が、財産管理や身上監護についての契約や遺産分割などの法律行為を自分で行うことが困難であることや、悪徳商法などの被害に遭う恐れがあることから、これらの判断能力不十分な人を保護・支援する制度です。
　成年後見制度には、法定後見制度と任意後見制度の2種類があります。

2. 法定後見制度

　法定後見制度とは、民法の規定に基づく成年後見制度のことです。この制度は従来の禁治産と準禁治産の制度を改めたものです。法定後見制度は、精神上の障害（認知症・知的障害・精神障害など）の程度に応じて次の3種類に区分されます。

(1) 補助の制度

　軽度の精神上の障害のため判断能力が不十分である人は、本人、配偶者などが家庭裁判所に補助開始の審判を請求することができます。この場合に、本人以外が請求するときは、本人の同意が必要です。
　補助開始の審判を受けた人は、補助人が付されます。補助人、その他の人が裁判所に本人の同意を得て審判をすることによって、被補助人（本人）が不動産の売却などの一定の行為を行う場合に、補助人の同意が必要になります。

(2) 保佐の制度

　精神上の障害の程度が被補助人よりも重く、判断能力が著しく不十分である人は、本人、配偶者などが家庭裁判所に保佐開始の審判を請求することができます。
　保佐開始の審判を受けた人は、保佐人が付されます。被保佐人（本人）の日用品の購入やその他日常生活に関する行為を除いて、被保佐人が不動産の売却などの一定の行為

を行う場合に、保佐人の同意が必要になります。

(3) 後見の制度

精神上の障害の程度が被保佐人よりも重く、判断能力が欠けているのが通常の状態にある人は、本人、配偶者などが家庭裁判所に後見開始の審判を請求することができます。

後見開始の審判を受けた人には、成年後見人が付されます。成年被後見人（本人）の法律行為は、日用品の購入やその他日常生活に関する行為を除いて、取り消すことができます。

3.任意後見制度

任意後見制度は、本人が十分な判断能力があるうちに、将来、判断能力が不十分な状態になった場合に備えて、あらかじめ自らが選んだ代理人（任意後見人）に、自分の生活、療養看護や財産管理に関する事務について代理権を与える契約（任意後見契約）を公証人の作成する公正証書で結んでおくというものです。そうすることで、本人の判断能力が低下した後に、任意後見人が、任意後見契約で決めた事務について、家庭裁判所が選任する「任意後見監督人」の監督のもと本人を代理して契約などをすることによって、本人の意志に従った適切な保護・支援をすることが可能になります。

●ポイント

成年後見制度は、大きく分けると、法定後見制度と任意後見制度の二つがあります。また、法定後見制度は、補助・保佐・後見の三つに分かれており、判断能力の程度など本人の事情に応じて制度を選べるようになっています。

成年後見人等は、本人の生活・医療・介護・福祉など、本人の身のまわりの事柄にも目を配りながら本人を保護・支援します。しかし、成年後見人等の職務は本人の財産管理や契約などの法律行為に関するものに限られており、食事の世話や実際の介護などは、一般に成年後見人等の職務ではありません。また、成年後見人等はその事務について家庭裁判所に報告するなどして、家庭裁判所の監督を受けることになります。

Chapter 13
リスクマネジメント

1. リスクマネジメントとは

(1) リスクマネジメントの定義

　国際標準化機構（ISO）が2009年に発行した国際規格"ISO 31000"と"ISO Guide 73"によれば、リスクとは「目的に対する不確かさの影響」であると定義しています。つまり、リスクとは、「予想どおりにいかない可能性」「結果が分からない不確実な状態」のことを言います。人の生涯や家庭・企業活動ではリスクがつきものです。

　リスクを軽減・回避するために、さまざまなリスクが発生した場合の損失・損害を事前に把握し、合理的な方法と最小の費用で適切な対応策を講じておくことが必要になります。その計画・実行の管理手法がリスクマネジメントです。

(2) リスクマネジメントの役割

　近年、リスクマネジメントの重要性が増していますが、その理由として、①新しい仕組みや新しい技術が数多く出現したことによりリスクの種類が格段に増加し、しかも損害が大型化したこと、②社会がめまぐるしく変化し、将来の予測が困難になり不確実性が増えていること、③国際化して、海外に充満しているリスクに直接かかわる機会が増えたことによりトラブルが多発していること─などが挙げられます。リスクマネジメントは、このようにリスクが多種多様化してきた時代に対処する指針を示す役割を持っています。

(3) リスクマネジメントの種類

　リスクマネジメントには危険対象と管理対象の種類により、企業危険を管理対象とする企業リスクマネジメント、国公営事業危険を管理対象とする官公庁リスクマネジメント、家庭危険を管理対象とする家庭リスクマネジメント（ファミリー・リスクマネジメント）などがあります。

　一般にリスクマネジメントと言えば、対象危険に多様性と巨大性がみられる企業リス

クマネジメントを指す場合が多いのですが、最近は、家庭をめぐる危険も多様化、複雑化し、これに対応するための家庭リスクマネジメントも重要性を増してきました。

また、現在はリスクが多様化し、巨大化し、国際化してきていると同時に自然的、社会的環境（人権侵害、企業不祥事、犯罪、心の危機など）の変化により、社会化してきていることを踏まえて、このリスクを克服するためのソーシャル・リスクマネジメントも必要になってきました。さらに、企業経営が直面するリスクを全社的に管理する動きが、欧米の先端的な企業を中心に導入されてきたことを背景として、新しいタイプの企業リスクマネジメントである「統合的リスクマネジメント（ERM：Enterprise Risk Management）」が近年日本にも導入されてきました。

2. リスクマネジメントの手法

リスクマネジメントの手法には、大きく分けてリスク・コントロールとリスク・ファイナンシングがあります。

（1）リスク・コントロール

リスク・コントロールとは、リスクの発生自体を防止する、またはリスクが発生した場合の損失を最小にするもので、リスクの処理において第一にとられるべき手段です。

リスク・コントロールには、リスクの回避、損失制御、リスクの結合、リスクの分離、リスクの移転（リスク・コントロール型）などに分類されます。

① リスクの回避

リスクの回避とは、予想されるリスクに一切の関係を持たないことを言い、危険を伴う活動をすべて停止することによって実現されます。たとえば、火気使用を制限すること、地震や風水害のリスクの発生頻度が高い地域に工場を建設しないこと、夏に腐敗しやすい食品を製造しないこと、製造物責任リスクの発生頻度が高い新製品の開発を中止することなどが挙げられます。

② 損失制御

損失制御には、損失防止（loss prevention）と損失軽減（loss reduction）があります。損失防止は、損失発生頻度の減少または排除を目的とするもので、建物を耐震構造や

耐火構造にするなどハード的な側面と、安全管理、安全教育などソフト的な側面とがあります。

損失軽減は、損失の強度の減少を目的とするもので、スプリンクラー、消火設備、非常用設備の設置などハード的な側面と、適切なクレーム対応プログラムの作成などソフト的な側面とがあります。

損失防止策が偶然な出来事発生の頻度を念頭に置いた方策であるのに対して、損失軽減策は損失の大きさに重点を置いた対策です。

③ リスクの結合

リスクの結合は、損失に晒されている危険単位の数を増やすことによって、リスクマネジャーのリスク予知能力を高めるものです。

たとえば、企業が合併、子会社化により経営規模を拡大させ、事故発生時の損失規模を縮小したり、運送会社が保有する車両を増やしたり、他の運送会社と合併する場合などです。

④ リスクの分離

リスクの分離とは、人や物、企業活動をより小さな単位または集団に分割することによって損失規模の軽減を図るものです。たとえば、生産工場を1カ所に集中させず、各地に分散させること、部品の仕入れ先を複数確保すること、会社の会長と社長を同時に海外出張する場合に、別々の飛行機に乗るようにすることなどです。

⑤ リスクの移転（リスク・コントロール型）

リスク・コントロール型の移転には二つある。まず、損失にさらされている物や活動を他の個人または法人に移転させる方法です。たとえば、事務所に使用している建物を売却したり、製品の輸送を運送業者に委託することによってリスクを移転することができます。

そして、法律や契約から発生する責任を免除または制限する条項によってリスクを移転させる場合です。たとえば、建物の売買に当たり、土台の腐食などの瑕疵があったとしても責任を負わないとする特約によって、売主はそのリスクを買主に移転することができます。また、コンピュータ・リース契約を利用することにより、コンピュータ自体の物的損害に関わるリスクをリース業者に移転することができます。

(2) リスク・ファイナンシング

リスク・ファイナンシングとは、リスク・コントロールによっても事故の発生を完全に防止することはできないため、損失の発生に備え、事前に資金的用意をしておく方法です。リスク・ファイナンシングの手法は大きくリスクの保有とリスクの外部移転（転嫁）の二つに分けられます。

① リスクの保有

リスクの保有とは、損害が発生した場合、それを補てんするのに必要な資金を、借り入れも含めて企業自体で調達することを言います。あるいは、私たちがいざという時に備えて預貯金をすることです。

たとえば、企業では、リスクの保有には、経常費処理、引当金の設定、借り入れの利用などがあります。

② リスクの外部移転（転嫁）

リスクの外部移転（転嫁）には、保険や共済による移転と保険や共済以外の移転（リスク・ファイナンシング型）とがあります。保険や共済はリスク移転の手段として最も広く利用されています。その理由は、保険・共済は一般的に安価であり、費用の合理性の点からみて優れたリスク処理効果を持っているからである。また、保険や共済以外の移転とは、損害賠償金や訴訟費用などの損失が発生した場合の費用負担を契約により相手方に移転させるものです。たとえば、免責条項の付帯、補償条項の挿入などの方法があり、賃貸借契約、建設工事請負契約、財貨・サービス供給契約、保証契約などでこれらの条項を織り込む方法がとられています。

●ポイント

リスクマネジメントとは、企業や個人・家庭生活にどのようなリスクがあるかを洗い出し、それぞれのリスクに対して的確な対策を講じることです。

企業を取り巻くリスクには、労災事故、災害、盗難、負債、休業、自動車事故、その他業務上の事故などがあります。また、個人・家庭を取り巻くリスクには、病気、けが、長生き、死亡、災害、盗難、負債、失業、自動車事故などがあります。

Chapter 14 保険・共済

1. 保険とは

　保険とは、経済的損失を補うことにより、生活基盤あるいは企業の経営基盤を少しでも回復しようとする制度です。

　個人のライフプランは、死亡、病気、けが、事故などの予期せぬ出来事により、大きな変更が生じたり経済的に生活が困難になる可能性があります。企業においても、予期せぬ出来事により経営に大きな支障をもたらす可能性があります。

　いつ発生するか分からないが、発生すれば多額の資金が必要となるこれらのリスクに対して、すべてを預貯金で備えることは困難です。保険は合理的な小さな負担（保険料）で大きな保障・補償（保険金・給付金）が得られる制度です。

　人の生死には生命保険、物や賠償責任には損害保険、病気・けがには傷害保険・医療保険を利用することにより損失の危険に備えています。

2. 保険の種類

　保険には、社会政策や経済政策の観点から国や地方公共団体が行う公営保険と、民間の生命保険会社や損害保険会社が行う私営保険があります。私営保険は、生命保険と損害保険に大別されますが、医療保険やがん保険など生保・損保いずれにも属さない「第三分野の保険」と呼ばれるものもあります。

　また、一般に「ミニ保険」と呼ばれている少額短期保険や保険類似の制度として共済があります。

（1）公営保険

　公営保険は、政策保険ともいわれ、社会政策的保険と経済政策的保険に大別されます。これには国が経営するものと市町村が経営するものとがあり前者は国営保険、後者は狭義の公営保険といわれています。

　社会政策的保険の代表は、社会保険で、これには、健康保険、国民健康保険、厚生年金保険、雇用保険、労働者災害補償保険、介護保険、船員保険などがあります。

また、経済政策的保険は、産業の保護、育成を目的として経済政策的見地から行われる保険で、産業保険ともいわれ、これには、貿易保険、農業保険、森林保険、中小企業信用保険、漁船保険などがあります。なお、公営保険は、政策の視点から公保険ともいわれています。

(2) 私営保険

私営保険は、上記の公営以外の民間の組織が営む生命保険や損害保険で、民営保険とも私保険とも呼ばれています。

3. 生命保険と損害保険

人の生死を対象とする定額の保険が生命保険、発生した損害をてん補する保険が損害保険です。

すなわち、生命保険は「人の生死」を保険事故とし、その事故があった場合に「一定の金額」を支払うことが特徴で、損害保険は「損害をてん補（実損てん補）」することが特徴です。

しかし、1996年4月、約半世紀ぶりに保険業法の改正が行われ、子会社方式による生損保の相互乗り入れができるようになり、生命保険と損害保険の垣根は低くなってきています。

また、2010年4月に施行された保険法では、保険契約を「損害保険契約」「生命保険契約」および「傷害疾病定額保険契約」の三つに区分し、それぞれ損害保険契約に関する規定、生命保険契約に関する規定、傷害保険契約に関する規定が適用されます。

4. 第三分野の保険

がん保険や医療保険、傷害保険、介護保険、所得補償保険など生命保険と損害保険の境界に当たる保険を第三分野保険と言います。

死亡保障を中心にした生命保険を第一分野、損害をてん補する損害保険を第二分野と呼ぶことに対応しています。

なお、保険法は、「保険契約のうち、保険者が人の傷害疾病に基づき一定の給付を行うことを約するもの」を傷害疾病定額保険契約として、生命保険契約とも損害保険契

とも異なる契約類型としています。また、「損害保険契約のうち、保険者が人の傷害疾病によって生ずることのある損害をてん補することを約するもの」を傷害疾病損害保険契約として損害保険契約の特則を設けています。

保険の第三分野の概要は、図表14 - 1のとおりです。

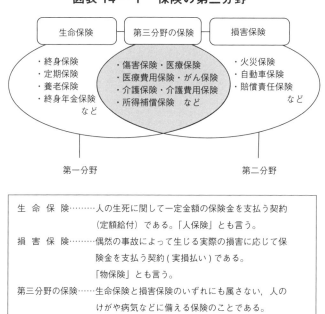

5. 少額短期保険

　少額短期保険とは、保険金額が少額（1,000万円以下）で、保険期間が短期（1年または2年）の保険を言います。生命保険事業と損害保険事業は、同一事業者が両方を兼営することが禁止されていますが、少額短期保険業の登録では、生命保険業・損害保険業の区分は法令上ありません。こうした特徴を活かして少額短期保険では、死亡保険、医療保険、家財保険、ペット保険など多種多彩な保険商品が提供されています。

6. 共　　済

　共済とは、組合員の福利厚生または経済的な危険や不測の事故に対して実施する相互扶助制度です。共済は保険類似の制度として、組合員の病気やけが、火災、自動車事故

などに対して一定の給付を行います。

共済の中でも全国的に事業を展開している代表的なものとして、JA共済と全労済（全国労働者共済生活協同組合連合会）があります。

JA共済は、農林水産省の監督のもとに行われている共済事業で、組合員に対して生命・建物・自動車などの各種共済による「ひと・いえ・くるま」の生活総合保障を提供しています。

全労済は、厚生労働省の監督のもとに行われている共済事業で、組合員に対して遺族保障（せいめい共済など）、医療保障、障がい・介護保障、老後保障（ねんきん共済など）、くるまの補償などの保障を提供しています。

以上の共済のほか、厚生労働省の監督のもとに全国生協連（全国生活協同組合連合会）が組合員を対象に行っている県民共済（都民共済・道民共済・府民共済・全国共済）やコープ共済連（日本コープ共済生活協同組合連合会）が行っているCOOP共済などがあります。

●ポイント

保険には、保険を営むのが国や地方公共団体なのか、民間の組織なのかによって公営保険と私営保険に分類されます。

公営保険は、健康保険、厚生年金保険などの社会政策的保険と貿易保険、農業保険などの経済政策的保険に分類されます。私営保険は、公営以外の民間の組織が営む生命保険や損害保険などを言います。また、一般に「ミニ保険」と呼ばれている少額短期保険や保険類似の制度として共済があります。

なお、上記の分類とは別に、近年ではインターネットを中心に保険を販売するネット保険も注目されてきました。

Chapter 15 相続の基礎知識

1. 相続・贈与・遺贈の知識

(1) 相続とは

相続とは、人の死亡によってその死亡した人（被相続人）のすべての財産を、その死亡した人と一定の親族関係にある人（相続人）が一定の割合をもって継承することを言います。

相続は自然人の死亡により開始します。病気や事故などによる死亡を法律上自然死と言いますが、このほかに認定死や失踪宣言も死亡とみなされ、相続の開始原因になります。

(2) 贈与とは

贈与とは、当事者の一方が財産を「あげる」と言い、相手方が「もらう」と言った場合に成立する契約を言い、贈与税の対象となります。贈与により財産を与える人を贈与者と言い、財産を受け取る人を受贈者と言います。

(3) 遺贈とは

遺贈とは、遺言による財産の移転のことを言い、相続による財産の取得よりも優先します。相続税の対象となります。遺贈により財産を与える人を遺贈者、財産を受け取る人を受遺者と言います。

(4) 死因贈与とは

贈与者の死亡を条件として、贈与者の死亡により効力を生ずる贈与を死因贈与と言います。外観上遺贈に似ているため、民法上も相続税法上も遺贈と同様に取り扱い、相続税の対象となります。

2. 相続人の順位と相続分、遺留分

(1) 相続人の順位

　相続人とは、被相続人の財産を引き継ぐことのできる一定範囲内の人のことを言います。相続人は民法で詳細に定められており、相続人となるのは、被相続人の配偶者と一定の血族関係者に限られ、血族関係者は次の順位に従って相続人となります。

```
第1順位…子（非嫡出子、胎児、養子を含む）
第2順位…直系尊属（養父母も含む）
第3順位…兄弟姉妹（代襲相続は兄弟姉妹の子まで）
```

① 実　　子

　実子は、嫡出子と非嫡出子に分けて考えられます。非嫡出子とは、正式な婚姻以外のもとに生まれた子のことを言います。

② 胎　　児

　胎児は、既に生まれたものとみなして、相続権を認めますが、死産の場合は、相続人として取り扱いません。

③ 養子（普通養子）

　養子は相続においては実子と全く同じに扱われます。養親が亡くなった場合、実子と同等に相続します。また、養子になったからといって、実父母との親子関係がなくなるわけではありませんから実親が死亡すればその相続人になります。つまり、養子は、実親およびその親族の相続権、養親の相続権の両方を有します。この養子は特別養子と区別して普通養子と言うことがあります。

④ 特別養子

　特別養子縁組の場合は、実方の血族との親族関係が終了します。このため特別養子縁組は、父母による養子になる人の監護が著しく困難または不適当であること、その他特別の事情がある場合に、子の利益のため特に必要と認められるときに成立します。特別養子縁組の養親は、配偶者があり、少なくともその一方が25歳以上、他方が20歳以上でなければなりません。また、養子は裁判所に特別養子縁組を請求する時点で、原則と

して6歳未満であることを要します。

(2)相続分

相続分には、法定相続分、代襲相続分、指定相続分等があります。このうち、基本となるものは法定相続分で、遺言で相続分を定めていないときは、原則として法定相続分に応じて遺産分割されます。

また、相続人となるべき子または兄弟姉妹が、相続の開始前に既に死亡しているときは、その直系卑属が相続人となるべき子、兄弟姉妹に代襲して相続人となりますが、この代襲相続人の法定相続分を代襲相続分と言い、代襲される者が受けるべきであった相続分と同じになります。ただし、相続人となる権利を放棄した場合は、代理相続は認められず、後順位の人が相続人になります。

指定相続分とは、被相続人が遺言で法定相続分と異なる相続分を指定したもののことを言います。この指定相続分は法定相続分、代襲相続分よりも優先します。

参考までに、法定相続人と法定相続分の例示を以下に挙げておきます。

図表15－1　法定相続分の例示

相続人の組み合わせ		配偶者のみ	配偶者と被相続人の子	配偶者と直系尊属	配偶者と兄弟姉妹
配偶者		全部	1/2	2/3	3/4
第1順位	被相続人の子	―	1/2	―	―
第2順位	被相続人の直系尊属	―	―	1/3	―
第3順位	被相続人の兄弟姉妹	―	―	―	1/4

(注) 同じ順位者（子、直系尊属、兄弟姉妹）が複数いる場合は、その人数で該当の相続分を等分する。

(3)遺留分

遺留分とは、相続財産のうち、相続人が必ずもらえる割合のことです。被相続人が生前贈与や遺言で財産全部を寄与したり、特定の人に与えたりしても、遺留分は取り戻すことができます。

① 遺留分権利者

遺留分は、配偶者、被相続人の子およびその代襲相続人、直系尊属に認められ、兄弟姉妹には認められません。

② 遺留分の割合

遺留分の割合は、相続人が直系尊属だけの場合は被相続人の財産の3分の1となります。その他の場合は、被相続人の財産の2分の1です。

③ 遺留分の算定の基礎となる財産

遺留分の算定の基礎となる財産は、相続開始時の財産と一定の贈与財産（相続開始前1年以内の贈与財産など）の合計から債務を差し引いた額です。

④ 遺留分減殺請求権

生前贈与や遺言により、他の人にもらった財産が自分の遺留分を侵害していれば、減殺請求により取り戻すことができます。減殺請求するには、遺留分を侵害している相手方にその旨の意思表示をすればよいのですが、相手方が無視している場合は、家庭裁判所へ遺産分割の請求をする（相手方が相続人以外なら民事訴訟を行う）ことになります。なお、減殺請求は、被相続人の死亡および減殺すべき贈与または遺贈のあったことを知ってから1年以内に行わなければ、時効により権利がなくなります。また、相続開始から10年経過すると遺留分侵害を知らなかった場合でも減殺請求権は消滅します（民法1042条）。

3. 相続の承認と放棄

(1) 承認と放棄の意思表示

相続人は被相続人の財産だけでなく、債務（借金）も相続します。相続人は、被相続人の財産上の権利義務を相続するか否かを自由に決めることができます。

相続人は相続の開始があったことを知った日から3カ月以内に、相続について単純承認、限定承認または放棄の意思表示をしなければなりません。この期間内に限定承認または放棄の意思表示がなされなかったときは、単純承認したものとみなされます。

(2) 単純承認と限定承認

① 単純承認

単純承認とは、被相続人の有していた積極財産も消極財産（債務）も無制限に受け継ぐことを言います。もし借金などの債務が相続財産より大きい場合には、相続人は自分の固有の財産から弁済しなければなりません。

② 限定承認

限定承認とは、相続により取得した積極財産を限度として、被相続人の消極財産を受け継ぐことを言います。どうしても受け継ぎたい特定の財産がある場合などに利用されます。ただし、相続人が数人いるときは、全員が共同してでなければ、限定承認はできません。なお、限定承認をする場合は、相続の開始があったことを知った日から3カ月以内に家庭裁判所に財産目録を提出して、限定承認をする旨を申述する必要があります。

(3) 相続の放棄

被相続人の権利義務の承継をすべて拒否することを言います。この場合、相続財産を承継せず、債務も負担しません。相続を放棄した者は、相続開始時にさかのぼって、最初から相続人とならなかったものとみなされます。

相続の開始があったことを知った日から3カ月以内に家庭裁判所に申述する必要があります。全相続人が共同で行う必要はなく、1人でも、また、数人が共同ですることもできます。なお、相続を放棄した者は相続財産に属さない財産（生命保険金、死亡退職金など）を取得しても差し支えありません。

4. 遺産分割

(1) 遺言書がある場合（指定分割）

被相続人の残した遺言書に基づき遺産分割をする場合、公正証書遺言以外の遺言書については、封印のあるものでも封印のないものでも、すべて家庭裁判所に提出して検認という手続きを取らなければなりません。さらに、封印のあるものについては、家庭裁判所に出頭した相続人などのもとで開封をすることになります。

遺言書の検認・開封手続きを終えると、遺言の内容に従って遺産分割を行います。そ

の遺言書に遺言執行者が指定されている場合や相続人が遺言執行者を選任した場合は、遺言執行者が遺産分割の手続きを取ります。

（2）協議分割

遺言書がない場合や遺言書があったとしても遺言書の内容に納得できない場合は、相続人の全員で協議をして遺産分割を行います。この協議分割の一つの目安になるのが相続分です。相続分はあくまでも目安ですから、この相続分に従わなくても問題はありません。

① 遺産分割の方法

（ア）現物分割…現物分割は、たとえば、長男には土地と建物を、長女には預貯金と株式をなどというように個々の財産を各相続人に配分する方法です。

（イ）換価分割…換価分割は現物分割が困難な場合や遺産を分割することによって遺産の価値が減少するような場合に、遺産を売却してその売却代金を相続人に配分する方法です。

（ウ）代償分割…代償分割は、現物分割が困難な場合や遺産を分割することによって遺産の価値が減少するような場合に、遺産の全部または大部分を特定の相続人が取得し、その相続人が他の相続人に代償金を支払う分割の方法です。

②遺産分割協議書

遺産分割協議が調った場合は、後のトラブル防止のためにもその内容を文書化しておくべきでしょう。その遺産分割協議書に相続人全員で署名押印すれば協議が成立したことになり、遺産分割協議書は完成します。

（3）協議分割ができない場合

遺産分割の協議が相続人間でまとまらない場合は、家庭裁判所に申し立て、調停または審判で分割することになります。その協議の流れは図表15－2のとおりです。

総論編

図表15－2　遺産分割協議の流れ

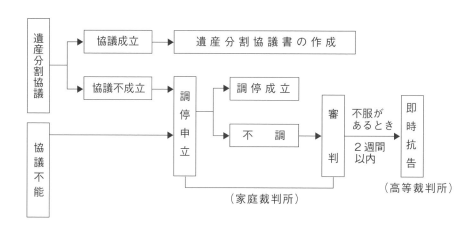

5. 遺　言

(1) 遺言とは

遺言とは、人の死亡後において、その人の意思を実現するための法律行為を言い、その人の死亡とともに法律効果が生じます。

遺言で行うことができる事項は法律で限定されています。たとえば、非嫡出子の認知、相続人の廃除とその取り消し、相続分の指定、遺産分割方法の指定または禁止、遺贈などです。

(2) 遺言の方式

遺言は民法に定める方式に従わなければなりません。この方式に従わない遺言は無効になります。

遺言には普通方式と特別方式があります。特別方式とは急に死が迫った場合など緊急時の方式です。

普通方式の遺言には、自筆証書遺言、公正証書遺言、秘密証書遺言の3種類があります。普通方式の遺言の種類と特徴は、図表15－3のとおりです。

なお、家庭裁判所の検認とは、その遺言書がどのように作成されているかを記録し、検認調書を作成する一種の検証手続きのことです。検認を受けたからといって、遺言書

の有効・無効とは全く関係がありません。

図表 15 － 3　普通方式の遺言の種類と特徴

遺言の種類	作成法	特徴 長所	特徴 短所
自筆証書遺言	①遺言者が遺言の全文・日付・氏名を自筆し押印する。ただし、自筆証書遺言に添付する財産目録については、自書不要（パソコンなどで作成できる）(注)	①作成が簡単 ②内容はもちろんのこと、遺言書の作成そのものを秘密にできる	①紛失、改ざんの恐れがある ②方式不備などによる無効の恐れがある ③家庭裁判所の検認が必要である(注)
公正証書遺言	①2人以上の証人が立ち会う ②遺言者が口述し、公証人が文書にする ③公証人が読み聞かせる ④各自署名・押印する	①紛失、改ざんの恐れがない ②遺言内容が争われたり、無効とされることが少ない ③字の書けない人にも可能である	①費用が掛かる ②手続きが煩雑である ③遺言内容を秘密にできない ④証人が必要である
秘密証書遺言	①遺言者が遺言に署名・押印して封印する ②公証人と2人以上の証人の前にそれを提出する ③公証人が日付などを記載した後、各自署名・押印する	①遺言の内容を秘密にできる ②改ざんの恐れがない ③署名・押印できれば字の書けない人にも可能である	①手続きがやや面倒である ②費用が掛かる ③証人および家庭裁判所の検認が必要である

注：2018 年 7 月、相続に関する民法等の規定（相続法）を改正する法律が成立したことにより、財産目録を別紙として添付する場合に限り、自書を不要とすることとされた。代わりの作成方法としては、従来の自筆部分をパソコンで作成した書面のほか、登記事項証明書や、預金通帳のコピーを添付する方法が挙げられている。なお、別紙の全てのページに署名・押印をする必要がある（2019 年 1 月 13 日施行）。また、「法務局における遺言書の保管等に関する法律」（遺言書保管法）では、自筆証書遺言（原本）を法務局に保管する制度を創設することとされた（施行日：2020 年 7 月 10 日）。これにより、遺言書保管所に保管されている遺言書については，遺言書の検認（民法 1004 条 1 項）の規定は、適用されないこととなった。
出所：法務省ホームページ参照。(http://www.moj.go.jp/MINJI/minji03_00051.html)

（3）遺言の効力

　遺言は、遺言者が死亡したときからその効力を生じます。したがって、遺贈された遺産は遺産分割の対象になりません。しかし、贈与が贈与者と受贈者との合意による契約であるのに対し、遺贈は遺贈者の一方的な意思表示です。このため、受遺者は、遺言者の死亡後、いつでも遺贈の放棄ができます。遺贈の放棄をした場合は、遺言者の死亡のときにさかのぼってその効力が生じます。

（4）トラブルを防ぐ遺言づくりのポイント

　遺言がなかった場合の遺産配分に関して、民法は法定相続人と法定相続分を定めているだけで、具体的な分配方法までは決めていません。たとえば、自宅は妻に、ゴルフ会員権は長男に、というような配分方法を決めることができるのが遺言です。

　遺言づくりのポイントは次のとおりです。

①あらかじめ財産目録を作ること
②財産を贈りたい人を列挙すること
③どの財産を誰に残すか、その配分を決めること。その際、事業や財産運用の長期的展望を配慮することが大切である

図表15－4　特に遺言をしておきたいケース

①子のいない人
②妻も子もいない人
③内縁の妻のいる人
④事業の後継者をつくりたい人
⑤公益事業に寄与したい人
⑥特定の人に財産を残したい人
⑦障害のある子のいる人
⑧多様な種類の財産を持つ人

●ポイント

　相続とは、人が死亡した場合に、その人（被相続人）が持っていた一切の財産を、相続人が引き継ぐことです。なお、相続は強制されるものではありませんので、3カ月以内であれば限定承認または相続放棄することができます。

　相続人となる者は、配偶者や子など被相続人と一定の身分関係にある者に限られます。その順序や取り分は 相続人・相続分として法律で定められています。

　相続人が複数いる場合は、相続財産は、相続開始と同時に共同相続人の共有になります。この共有の状態はあくまで仮の状態ですから、各相続人に何を、どのように分配するのかを決めなければなりません。この分配するための手続きを遺産分割と言います。

　遺言書は過去に自分が築いた財産を有効活用してもらいたいときや死後に相続財産を巡り、相続争いが起こらないようにしたいとき、または、特定の人物へ財産を相続したいときに有効です。

各論編

Chapter 1
預貯金等

1. 預貯金の特徴

預貯金(銀行等の「預金」と郵便局〈ゆうちょ銀行〉、JA〈農協〉、漁協等の「貯金」)は、民間金融機関が取り扱っている金融商品です。

預貯金は、安全性と流動性を兼ね備えた代表的な金融商品です。以前は元本保証・確定利回りが預貯金の特徴でしたが、近年は金融機関の破たんや新型預貯金の出現により、預貯金の特徴を単純に言い表すことができなくなってきています。なお、元本保証とは、取扱金融機関が元利金の全額の支払いを約束しているということです。

また、預貯金は給料・年金や配当などを「受け取る」、公共料金などを「支払う」という決済機能を付けることができます。「預ける」機能に「決済」機能を併せることにより、預金者の利便性を向上させています。

2. 銀行等(銀行・信用金庫・信用組合など)の主な商品

(1)預貯金の種類

銀行や信用金庫等では「預金」と言い、郵便局(ゆうちょ銀行)やJA(農協)では「貯金」と言いますが、両者に実質的な違いはありません。

預貯金を大別すると、預入期間の定めがなく預け入れ・引き出しが自由にできる流動性預貯金と、預入期間が定められている定期性預貯金があります。一部を除いて、流動性預貯金は変動金利、定期性預貯金は固定金利です。

適用金利は、各金融機関が任意に設定します。定期性預貯金を満期前に中途解約すると、通常、ペナルティー(解約手数料・中途解約利率)が発生します。

(2)主な預金の概要

①普通預金(総合口座)

特　徴	出し入れ自由の預金である。公共料金などの自動支払い、給与や年金の自動受取の決済口座として利用できる

預入金額	1円以上1円単位
金　利	変動金利・半年ごと利払い
その他	普通預金の残高を超えてお金が必要なときには、セットされた定期預金や公共債を担保にして自動融資（当座貸越）を受けることができる

　なお、2005年4月以降、利息の付く普通預金が預金保険制度の全額保護の対象ではなくなったため、ほとんどの銀行等が、全額保護される預金として「決済用普通預金」を導入しています。この決済用普通預金には利息は付きません。

② 貯蓄預金

特　徴	出し入れ自由の預金で、基準残高以上の残高を保てば、普通預金を上回る金利が適用される。決済口座としては利用できない
預入金額	1円以上1円単位
金　利	変動金利・半年ごと利払い

③ スーパー定期

特　徴	銀行の定期預金の代表的商品である。300万円未満をスーパー定期、300万円以上をスーパー定期300として別の金利を設定するのが一般的である
預入金額	1円以上1円単位
預入期間	1カ月以上10年以下が一般的
金　利	固定金利 ・預入期間3年未満：単利型のみ ・預入期間3年以上：単利型と半年複利型の選択 （ただし、半年複利型を選択できるのは個人のみ）

④ 大口定期預金

特　徴	1,000万円以上の自由金利型の定期預金である
預入金額	1,000万円以上1円単位
預入期間	1カ月以上10年以下が一般的
金　利	固定金利・単利型のみ 金融機関と顧客との交渉により金利を決定する（相対取引）

⑤ 変動金利定期預金

特　徴	一般的に、預け入れ後6カ月ごとに適用金利が見直される変動金利の定期預金である
預入金額	1円以上1円単位が一般的

預入期間	1カ月以上10年以下が一般的
金　利	変動金利 ・預入期間3年未満：単利型のみ ・預入期間3年以上：単利型と半年複利型の選択 （ただし、半年複利型を選択できるのは個人のみ）

3. ゆうちょ銀行の主な商品

(1) 郵便貯金の特徴

　日本郵政公社が扱っていた郵便貯金は、2007年10月に、(株) ゆうちょ銀行に改組され民営化されました。また、2016年4月1日から、ゆうちょ銀行に預け入れる貯金の預入限度額が1人元本1,000万円から1,300万円に変更となりました。

　財形貯金は、1,300万円の預入限度額とは別枠で利用することができます。

(2) 主な郵便貯金の概要

① 通常貯金（総合口座）

特　徴	出し入れ自由の貯金。公共料金等の自動支払い、給与や年金の自動受取の決済口座として利用できる
預入金額	1円以上1円単位
金　利	変動金利・半年ごと利払い

② 通常貯蓄貯金

特　徴	出し入れ自由の貯金で、10万円以上の残高があれば通常貯金を上回る金利が適用される。決済口座としては利用できない
預入金額	1円以上1円単位
金　利	変動金利・半年ごと利払い

③ 定額貯金

特　徴	ゆうちょ銀行の主力商品である
預入金額	1,000円以上1,000円単位
預入期間	6カ月以降自由満期、最長10年間
金　利	固定金利・半年複利・満期一括払い型 預け入れ後3年までは、6カ月ごとの段階利率で、預け入れから払い戻しまでの期間に応じた金利が預入時にさかのぼって適用される

④ 定期貯金

特　　徴	他の銀行のスーパー定期と類似した定期貯金である
預入金額	1,000円以上1,000円単位
預入期間	1カ月以上5年以下
金　　利	固定金利 ・預入期間3年未満：単利型のみ ・預入期間3年・4年・5年：半年複利型のみ

4. 信託銀行の主な商品

(1) 信託の特徴

　信託は、信託銀行が取り扱っている金融商品であり、信託契約（約款）に基づいて設定・運用されています。ただし、信託銀行は預金や投資信託も取り扱っています。信託とは、「委託者が自己の財産を受託者に渡して、一定の目的のためにこの財産の管理・処分を依頼すること」です。

　財産を信託する者を委託者、信託を引き受け、管理・運用する者（信託会社）を受託者、信託の配当など利益を受け取る者を受益者と言います。

(2) 金銭信託

　金銭信託とは、金銭を信託財産として信託銀行に預け、企業への貸付けや有価証券で運用され、その収益（配当）と元本を受け取る仕組みです。

　金銭信託は実績配当が原則ですが、実際には市場金利に応じて予定配当率が変動する変動金利商品と言えます。

　なお、預貯金では顧客資産と銀行資産は銀行勘定という同じ分類の中にあるため、金融機関の破たんに際して直接的な影響を受けますが、信託では顧客資産と銀行資産はそれぞれ信託勘定と銀行勘定に区分して管理されているため、破たん時に直接的な影響は受けません。

●ポイント

　銀行等で扱っている預貯金は、大別して、「期間の定めがなく、出し入れが自由な流動性預貯金（普通預金、貯蓄預金など）」と、「預入期間の定めがある定期性預貯金（スー

パー定期、大口定期預金など)」とに分かれます。

　流動性預貯金のうち、「無利息・要求払い・決済サービスを提供できること」という3要件を満たす預貯金は決済用預金といわれ、普通預金の一部や当座預金がこれに当たります。定期性預貯金の換金は、原則として期間満了の日（満期日）に限られます。

　金銭信託は、信託銀行が顧客から受け入れた多数の信託金を約款に指定された運用範囲で合同して運用し、その収益は信託金額に応じて支払われます。

Chapter 2 債券

1. 債券の仕組み

(1) 債券とは

　債券とは、国、地方公共団体、民間企業、外国の政府・企業などが投資家から資金調達（借り入れ）するために発行する一種の「借用証書」です。代表的なものに、国が発行する国債、会社が発行する社債（事業債）があります。

　債券は、利率と利子の支払日・元本の満期償還日が決まっており、利子の支払日に利札（クーポン）、償還日に債券券面を元利金の支払場所（証券会社や指定された金融機関）に持参（呈示）することで、元利金の支払いを受けることができます（ただし、国債などはペーパーレスになっており、帳簿上の取引となります）。投資者の都合で解約（償還）はできませんが、市場で売却することによって償還日前に換金することができ、流動性もある程度確保されています。ただし、市場での売却によって換金するということは、市場実勢により債券価格が変動する（価格変動リスクが存在する）ということを意味します。

(2) 債券の種類

① 発行体による分類

　債券は、発行体の違いによって、大きく三つに分けられます。国、地方自治体および公共機関の発行する「公共債」、民間企業が発行する「民間債」、外国の政府・政府関係機関、事業会社が発行する「外国債」があります。さらに、公共債は「国債」「地方債」「政府保証債」に、また民間債は「社債（事業債）」、「金融債」に分けられます。

② 利払い方式による分類

　債券は、利払い方式によって、利付債と割引債に分けられます。

　利付債は、発行されるときに決められた金利（利率）が満期まで変わることなく支払われる固定利付債が一般的です。そのほかに、その時々の市場金利に連動して利率が変わる変動利付債もあります。

各論編

一方、割引債は、利子がないかわりに、あらかじめ額面から利子相当額を割り引いた価格で発行され、満期時に額面金額で償還されます。

③ 発行後の経過時期による分類

これには新発債と既発債があります。

新発債は、新しく発行される債券です。新発債を購入した日から満期償還日まで所有した場合の利回りは、応募者利回りと呼ばれます。

一方、既発債は、すでに発行され市場で取引されている債券です。既発債の価格は、金利情勢などによって日々変動しています。既発債を購入した日から満期償還日まで所有した場合の利回りは、最終利回りと呼ばれます。

(3)債券の発行条件

新しく債券を発行する場合には、表面利率、発行価格、償還期限、利払いの四つの条件があらかじめ決められます。

① 表面利率（クーポン・レート）

額面金額（債券の券面に記載された金額）に対して支払われる1年間の利息の割合のことを表面利率と言います。変動利付債を除いて、償還まで変更されることのない固定金利です。

② 発行価格（額）

債券の価格は、額面金額を100円とみなして表示されます（単価）。発行価格も、額面100円当たりに対する価格で表示されます。

債券は必ずしも額面通りの100円で発行されるわけではありません。額面を上回る価格で発行される場合をオーバーパー発行、額面で発行される場合をパー発行、額面を下回る価格で発行される場合をアンダーパー発行と言います。割引債はアンダーパー発行されます。

③ 償還期限

償還されるまでの期間を償還期限と言います。償還時には額面金額（単価100円）で償還されます。発行から償還まで保有していた場合、発行価格によって利益（償還差益）

または損失（償還差損）が生じることがあります。

なお、既発債が償還されるまでの残りの期間を残存期間と言います。

④ 利 払 い

利付債の利払いは、通常年2回支払われるものが多くなっています。

2. 債券のリスクと格付け

(1) 債券のリスク

債券は、償還まで所有すると額面分の資金が回収できますが、投資家はその償還までに以下のようなリスクを負います。

① 価格変動リスク（金利変動リスク）

価格変動リスク（金利変動リスク）とは、市場金利の変動に応じて債券価格が変動するリスクのことです。

たとえば、表面利率4％の固定利付債を保有している場合、市場金利が低下して2％になると、この債券は有利な投資対象として人気が出るため価格は上昇します。どの程度上昇するかというと、この債券の最終利回りが市場金利程度（2％）になる価格まで上昇します。

つまり、市場金利が低下すると債券価格は上昇して利回りは低下し、反対に、市場金利が上昇すると債券価格は下落して利回りは上昇します。このように、市場金利と債券価格は反対の動きをします。

② 途中償還リスク

償還期限より前に償還が行われることを途中償還と言います。途中償還が行われると、当初に予定していた運用期間や運用利回りによる運用ができなくなる場合が出てきます。このようなリスクを途中償還リスクと言います。

③ 流動性リスク

途中売却する場合に、市場での取引量が少ないために値崩れしてしまう、もしくは換金できない可能性があるというリスクです。

④ 為替変動リスク

外国通貨で利息や償還金が支払われる債券(外貨建て債券)は、外国為替相場の変動によって円ベースの受取額が変動するというリスクです。

⑤ カントリーリスク

外国債券に投資する場合に、投資した国の政治・経済・社会情勢などにより債券価格が影響を受けるリスクのことです。

⑥ 信用リスク（デフォルトリスク）

信用リスクとは、元本や利息の支払いが滞ったり、支払不能になったりするリスクのことで、デフォルトリスク（債務不履行リスク）とも言います。現在の債券は無担保発行が中心であり、投資家は発行体の元利金の支払能力について判断する必要があります。そのため、格付け情報が重要なウエートを占めます。

(2) 格付け

格付けとは、第三者機関である格付け機関が、債券の利払いや元本返済の可能性を債務履行の確実性が最も高い最上位のAAA（トリプルエー）から既に債務不履行（デフォルト）を起こしているDまでランク付けしたものです。

一般に、信用リスクが高く格付けの低い債券ほど利回りは高くなり、反対に、信用リスクが低く格付けの高い債券ほど利回りは低くなります。

ただし、格付けは債券の信用度をチェックする際の目安となりますが、これはあくまで第三者による意見であり、絶対的な投資尺度ではありません。同じ債券でも格付機関によって格付けに差があったり、発行会社の経営状態の変化などにより、格付けが短期間に何段階も見直されるケースもありますので注意が必要です。

●ポイント

債券とは、国や地方公共団体、企業などが、投資家からまとまった資金を調達することを目的として発行する証券（借金証書）のことを言います。あらかじめ支払う金利や満期日が定められており、債券に投資した投資家は定期的にクーポン（金利）を受け取

ることができます。また、満期になると元本が償還されます。償還前に、すでに発行された債券の売買される流通市場において売却が可能であり、売却価格が購入価格を上回る場合や逆に下回る場合があります。

Chapter 3 株式

1. 株式の概要

(1)株式とは

　株式は、発行会社の業績、景気動向などの各種要因で価格が変動する代表的な金融商品です。株式とは、債券（社債）と同じく会社が資金調達のために発行するものですが、債券とは異なり利息の支払いはなく、満期もありません。

　株式投資の魅力には、配当金を得る、値上がり益（売買益）を得ることなどがありますが、株式投資は一般的にハイリスク・ハイリターンです。したがって、投資には十分な理解と細心の注意を要し、余裕資金での投資が望ましいと言えます。

図表3－1　株式投資のメリット・デメリット

メリット	デメリット
配当金（インカムゲイン） 値上がり益（キャピタルゲイン） 株主優待 株式分割(注)で株数が増える可能性	無配当 値下がり損（キャピタルロス） 倒産（デフォルトリスク）

注：株式分割とは株式を分割して発行済み株式数を増やすことである。

(2)株式の権利

　株式にはいくつかの権利が盛り込まれており、株価はその権利に付けられた値段を総合したものということができます。株式を持つ権利、つまり、株主の権利は支配証券（株主総会に出席して会社の経営に参加する権利、議決権）、利潤証券（会社の収益分配に参加する権利、利益配当請求権）、物的証券（会社が解散するときに財産の分配を受ける権利、残余財産分配請求権）の三つの側面からとらえることができます。

(3)証券取引所

　株式投資で売買される株券は証券取引所で取引が行われます。この証券取引所の所在は日本では現在、東京証券取引所、大阪取引所、名古屋証券取引所、福岡証券取引所、

札幌証券取引所の他に新興企業向けの市場としてジャスダック証券取引所があります。

これら証券取引所で株券の売買が行われていますが、この取引に参加（株式投資）するためには、証券会社を仲介して行うことになります。

なお、大阪取引所は、もともと大阪証券取引所という名称で株式や先物を扱う取引所でしたが、2013年に株式の現物取引を東京証券取引所に移行し、名称を大阪取引所に変更しました。その後は、大阪取引所は主にデリバティブ（金融派生商品）に特化した取引所になりました。

(4)株式取引のルール

① 3つの原則

証券取引所では、上場株式について、成行注文優先・価格優先・時間優先の原則によって取引を成立させています。まず成行注文優先の原則を適用し、指し値注文同士が競合した場合には、価格優先の原則と時間優先の原則が適用されます（図表3－2）。

図表3－2　上場株式についての三つの原則

成行注文優先の原則	指し値注文よりも成行注文を優先させる
価格優先の原則	売り注文は最も低い価格（売り呼び値）の注文を、買い注文は最も高い価格（買い呼び値）の注文を優先させる
時間優先の原則	同一の値段の注文は時間的に早い注文を優先させる

② 取引の単位（単元株制度）

株式の注文における株数の指定は、現在、銘柄ごとに決められた1単元の株数の整数倍になっています。つまり、銘柄ごとに100株、1000株など取引単位（単元株）が決まっています。これを単元株制度と言います。

なお、単元株未満でも取引できる制度として、株式ミニ投資や株式累積投資があります。株式ミニ投資は単元株の10分の1単位で株式ができる制度、株式累積投資は月々の積立方式で株式を購入する制度です。

2.株式投資の指標

株式投資に当たっては、購入する銘柄（会社）の選択と、売買のタイミングが重要です。そのためには、一般によく用いられる株式指標を理解する必要があります。株式指

標には、株式市場全体の動向を表す指標と、個別銘柄の株価に関する指標があります。

(1) 株式市場全体の動向を表す指標

① 単純平均株価

　単純平均株価とは、上場銘柄の株価を単純に合計して銘柄数で割ったものです。市場全体の平均的な株価水準を知ることができます。

② 日経平均株価（日経225）

　日本経済新聞社が東京証券取引所第一部に上場している銘柄のうち代表的な225銘柄の株価を平均し、かつ連続性を失わせないよう株価の権利落ちなどを修正した修正平均株価です。一般に最もなじみ深い相場指標です。

　しかし、採用銘柄数が少ない、一部の値がさ株（株価の高い株式）や品薄株の値動きに影響を受けやすいことが問題点として指摘されています。

③ 東証株価指数（TOPIX）

　東京証券取引所第一部に上場している全銘柄の株価を株式数でウエートをつけた時価総額加重平均型の株価指数です。従来は発行済み株式数でウエートをつけていましたが、現在は浮動株指数が導入され、浮動株（株式市場に流通する可能性のある株式）のみでウエートをつけています。1968年（昭和43年）の時価総額を100として、それがどれだけ増えているかを表しており、単位はポイントです。東証第1部の全銘柄を対象としているため、東証第1部全体の動きを反映していると言えます。

　その半面、日経平均株価と比較して、時価総額が大きい銘柄、いわゆる「大型株」の値動きに影響されやすいと言えます。

④ 売買高（出来高）

　売買高（出来高）は、証券取引所で売買契約が成立（約定）した株式の総数です。売り1000株と買い1000株の取引が成立すると出来高は1000株になります。市場が盛況のときは、売買高も膨らみます。

⑤ 売買代金

　売買が成立した金額です。売買高同様、市場が盛況のときは売買代金も膨らみます。

⑥ 時価総額

上場している全銘柄について、各銘柄の終値に発行済み株式数を掛けて合計した数値が市場時価総額です。市場全体の規模を把握することができます。

(2)個別銘柄の株価に関する指標

代表的な指標として、株価収益率、株価純資産倍率、株主資本利益率、配当利回りが挙げられます。

① 株価収益率（PER：Price Earnings Ratio）

株価収益率は、株式の1株当たりの収益力（純利益）を株価との関係で見るもので、最もポピュラーな株価指標です。1株当たり純利益（EPS = Earnings Per Share）が同水準の企業であれば、利益成長性が高い企業のPERが高くなる傾向にあります。PERが低い銘柄ほど、その会社の株価は割安と判断されます。

② 株価純資産倍率（PBR：Price Book value Ratio）

株価を1株当たり純資産（＝株主資本）で割ったものです。純資産とは、企業の資産と負債を相殺した後に残る株主の持ち分を意味し、PBRが1倍を下回っていることは株価が解散価値を下回っていることを示しています。相場が低迷しているときに注目される投資指標です。PBRが低い銘柄ほど、その会社の株価は割安と判断されます。

③ 株主資本利益率（ROE：Return On Equity）

株主資本利益率は企業が株主資本を十分に活用して利益を上げているかどうかを示すもので、近年特に注目されてきている指標です。一般にROEの高い企業は収益性が高く成長性のある企業が多く、ROEを高めることを経営目標として打ち出す企業もあります。ROEが高い企業ほど、株主から預かったお金を効率的に殖やしている、投資価値の高い企業と判断できます。

④ 配当利回り

配当利回りとは、1株当たりの年間配当金を株価で割ったものです。年間配当金は前期の実績配当金ではなく、今期の予想配当金を用います。

各論編

●ポイント

　一般に株価の割安、割高を判断する上で重視されるのは、利潤証券、物的証券として株式の価値に着目することです。それぞれの見方に沿った指標をもとに投資判断を行います。代表的な指標として、株価収益率、株価純資産倍率、株主資本利益率、配当利回りが挙げられます。各指標をよく理解した上で、複数の指標を参考にしながら銘柄を選択することが大切です。

Column 5
ESG投資とは

　公的年金を運用する年金積立金管理運用独立行政法人（GPIF：Government Pension Investment Fund）が、株式運用にESG投資を採り入れることにしました。

　ESGとは、環境（Environment）、社会（Social）、企業統治（Governance）の3要素の頭文字を取ったもので、これら3つの観点を考慮した投資手法は「ESG投資」と呼ばれています。

　E・S・G各要素の具体例には、次のようなものが挙げられます。

　E（Environment：環境）については、二酸化炭素排出などの地球温暖化問題や環境汚染などに積極的に取り組む企業、S（Social：社会）については、ダイバーシティ（女性登用、障害者雇用）、製品やサービスの安全管理など企業内や社会環境に取り組む企業、G（Governance：企業統治）については、コンプライアンスや汚職防止、社外取締役の独立性や情報開示体制など経営の根幹に関わる取り組みを行う企業がそれぞれESG投資の対象となります。

　ESGと似た概念にSRI（Socially Responsible Investment:社会的責任投資）という言葉がありますが、最近ではESG投資のほうがより使われる傾向にあります。

　ESG投資という言葉が専ら使われるようになった背景には、2010年頃からESG投資に対する金融機関の理解が大きく変わってきたということがあります。

　それ以前は、社会や環境を意識した投資は財務リターンが低く、有効な投資手法ではないと見られることが一般的でしたが、昨今、社会や環境を意識した投資は、同時に財務リターンも高く、また市場リスクが小さいという実証研究が大学研究者や金融機関実務者から発表されるようになりました。

　国際連合が2006年、投資家がとるべき行動として責任投資原則（PRI：Principles for Responsible Investment）を打ち出し、ESGの観点から投資するよう提唱したため、欧米の機関投資家を中心に企業の投資価値を測る新しい評価項目として関心を集めるようになりました。

　日本政府もESG投資を後押ししています。2014年2月に金融庁が発表した「日本版スチュワードシップ・コード」(『責任ある機関投資家』の諸原則)、2015年6月に金融庁と東京証券取引所が発表した「コーポレートガバナンス・コード」(〜

会社の持続的な成長と中長期的な企業価値の向上のために～)は、ともにESG投資の概念を推進する内容となっています。

　また、ESG投資の広まりを受けて、日本でもグリーンボンド(green bond：環境債)を発行する動きが加速しています。グリーンボンドとは、企業や地方公共団体等が、調達資金の使途を環境改善効果のある事業（グリーンプロジェクト）に限定して発行する債券です。

　資金が調達しやすいことに加え、環境への取り組みに積極的な企業であることのアピールにつながることもあり、企業の関心は一層高まると見られます。

Chapter 4
投資信託

1. 投資信託の仕組み

(1) 投資信託とは

　日本の代表的な投資信託（証券投資信託）は、投資して運用の利益を受ける投資家（受益者）と、投資家から集められた資金を運用する投資信託委託会社（委託者）、その指図を受けて信託財産を管理する信託銀行（受託者）、販売会社（証券会社、銀行など）の4者で構成されます。つまり、資産運用の専門家である投資信託委託会社が、株式や公社債を中心に分散投資して受益者に収益を分配する金融商品です。

　まず、投資家の資金が投資信託を販売している証券会社や銀行の窓口を経由して、投資信託委託会社に集められます。その資金は、信託財産として信託銀行の信託勘定に預けられます。この投資信託の資産は、信託銀行自体の資産と分けて管理（分別管理）されます。そして、投資信託委託会社と信託銀行との間の信託契約に基づいて、受託者である信託銀行は信託財産を管理保管し、委託者である投資信託委託会社は受託者の信託銀行に対して信託財産の運用指図を行います。

　投資信託の仕組みは、図表4－1のとおりです。

図表4－1　投資信託の仕組み

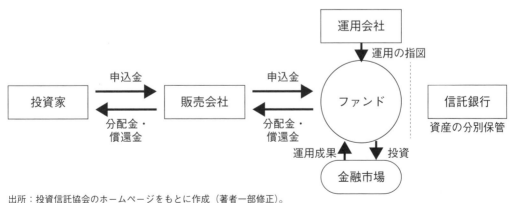

出所：投資信託協会のホームページをもとに作成（著者一部修正）。
　　　(http://www.toushin.or.jp/investmenttrust/about/what/)

　なお、投資信託は、値動きのある証券などに投資して運用を行うため、元本は保証されていません。投資信託の特徴は、以下の図表4－2のとおりです。

各論編

図表4－2　投資信託の特徴

① 小口投資が可能であること
② 専門家による分散投資が行われること
③ 多種多様な品ぞろえがあること

(2)投資信託の費用

　投資信託の費用は原則として、購入時にかかる販売手数料、保有する期間にかかる信託報酬、中途換金時にかかる信託財産留保額（信託財産留保金とも言う）があります。投資家が直接支払うかどうかで次のように分類できます（図表4－3）。

図表4－3　投資信託の費用

投資家が直接的に負担するコスト	
販売手数料	購入時に負担する費用。手数料は販売会社の収入になる。販売手数料を取らないノーロードファンドもある
信託財産留保額 （信託財産留保金）	投資信託の途中解約に伴う手数料のことを指す。投資信託を中途換金する投資家の換金代金から差し引かれ、信託財産に留保される
投資家が間接的に負担する費用	
信託報酬	管理手数料とも呼ばれる投資信託の手数料で、信託財産の運用や管理に対する費用、報酬として、投資信託から日々差し引かれる費用であり、年率(％)で表示される。委託会社、受託会社、販売会社に配分される

(3)投資信託の中途換金

　中途換金の方法には解約請求と買い取り請求の二つの方法があります。解約請求は、受益者が投資信託委託会社に対して直接に解約を請求する方法です。なお、信託契約の解約となるため信託財産もその分減少します。一方、買い取り請求は、受益者が販売会社に対して受益証券を時価で買い取ってもらう方法、つまり、売却することです。なお、信託契約の解約ではないため、信託財産は減少しません。

2. 投資信託の分類

(1)運用対象による分類

　投資信託は、運用対象によって公社債投資信託と株式投資信託に分類されます。
　公社債投資信託は株式を一切組み入れず（転換社債型新株予約権付社債などを株式に転換して売却する場合を除く）、国債や社債などの公社債と短期金融商品で運用する投資信託です。株式投資信託は、株式を組み入れることができるようになっている投資信託です。実際の運用は公社債中心でも、株式の組み入れが可能なものはすべて株式投資信託に該当します。

(2)募集形態による分類

　投資信託は、募集形態により単位型投資信託と追加型投資信託に分類されます。単位型投資信託はユニット型とも呼ばれ、一定の募集期間を設け、集められた資金で設定されます。その後の買い付けはできません。なお、単位型は毎月募集が行われる定時定形型投資信託と、タイミングを見て募集されるスポット型投資信託があります。追加型投資信託はオープン型とも呼ばれ、原則としていつでも購入・換金することができます。

(3)組成形態による分類

　投資信託は、組成形態により契約型投資信託と会社型投資信託に分類されます。会社型投資信託とは、主に有価証券投資等を目的とする会社（投資法人）を設立し、投資者はその会社の株主になって、運用によって投資法人が得た収益の分配を受ける仕組みです。会社型投資信託は取引所に上場され、売買することが可能です。たとえば、最近多様化が進んでいる株価指数連動型上場投資信託（ETF）は契約型投資信託、運用対象を不動産としている上場不動産投資信託（J-REIT）は会社型投資信託です。

① 株価指数連動型上場投資信託（ETF）

　ETF（Exchange Traded Fund）は、日経平均やTOPIXなどの株価指数等に運用成績が連動するように設計された契約型投資信託で、インデックスファンドの一種です。
　ETFは証券取引所に上場されている点が、非上場のインデックスファンドとの大き

各論編

な違いです。

そのため、市場が開いている間は、上場株式と同じようにETFの売買を行うことができます。取引の仕方は上場株式と同様で、「指値注文」や「信用取引」を行うことができるのも、一般的な投資信託とは異なるETFの特徴です。

取引の方法は上場株式と同様ですが、ETFも投資信託のため、受益者に分配金が支払われます。

一般的な投資信託とETFの比較をすると以下のようになります（図表4－4）。

図表4－4 一般的な投資信託とETFとの比較

	一般的な投資信託	ＥＴＦ
購入窓口	各投資信託の取扱いがある証券会社、銀行などの販売会社	証券会社
購入価格	基準価額(注1)（1日に1つ）	その時々の取引価格
注文方法	基準価額がわからない状況で購入・換金の申し込みを行う（ブラインド方式(注2)）	成行・指値注文が可能
購入する際の手数料	投資信託ごと、販売会社ごとに手数料率は異なる	証券会社ごとに手数料は異なる
信託報酬率	一般的にはETFの信託報酬より高い	一般的な投資信託の信託報酬より低い
最低投資金額	1万円程度から	1万円程度から購入できるETFもあるが（相場の動向による）、多くは10万円程度の資金が必要
信用取引	できない	できる

注1：基準価額とは、投資信託に組み入れられている株式や公社債等をすべて計算し、日々算出される投資信託の価額のことを言う。
注2：ブラインド方式とは、適用される基準価額が分からない状況でファンドの購入や換金を行うことを言う。投資信託が投資している資産の評価値が確定した後に、投資信託の取引ができると、既存の投資家の利益が阻害されるため、このような方式を採用している。
出所：投資信託協会のホームページをもとに作成（著者一部修正）。

なお、ETFには組み入れた有価証券の価格等が変動することによってETFの価格が変動するリスク（価格変動リスク）や市場の需給によって、売買が成立しないリスクや予想される価格より著しく離れた価格で売買されるリスク（流動性リスク）、市場の急変時や運用によっては、連動を目指す指数の値動きから乖離するリスクなどがあります。

② **上場不動産投資信託（J－REIT、日本版REIT）**

投資家から集めた資金をオフィスビルなどの不動産で運用し、賃料収入などを配当原資として投資家に分配する投資信託です。現在上場しているタイプは会社型（投資法人）のクローズエンド型となっています。詳細は、Column 6を参照してください。

(4)運用スタイルなどによる分類

投資信託の代表的な運用スタイルは以下のとおり、アクティブ運用やパッシブ運用などがあります（図表4-5）。

図表4-5 投資信託の代表的な運用スタイル

運用スタイル	内　容
アクティブ運用	ファンドマネジャーが相場観や投資指標による判断で積極的に運用し、ベンチマーク（国内株式であればTOPIXなどの指標）以上の高い収益を目指す運用手法である。一般的に、パッシブ運用と比較して信託報酬は高くなる
パッシブ運用	あらかじめ定めた目標とするベンチマークに連動した運用成果を目標とする運用法で、インデックス運用とも呼ばれ、代表的なものにインデックスファンドがある
トップダウン・アプローチ	金利や為替、景気などの経済指標から分析を開始して、その見通しに沿って投資する業種の配分を決め、最後に個別銘柄の選別をするという運用手法である
ボトムアップ・アプローチ	ファンドマネジャーやアナリストが足で集めた個別企業の情報をもとに、成長性のある企業をピックアップし、ポートフォリオを構築する運用手法である
グロース（成長）型	将来的に成長が見込める企業の成長を狙って投資する運用手法である
バリュー（割安）型	現在の資産価値や収益の水準などから割安な水準にあると判断される銘柄に投資する運用手法である

(5) 運用目的による分類

投資信託は、その運用目的によって図表4-6のように分類することもできます。

図表4-6 投資信託の運用目的による分類

運用目的	内　容
① 安定型	主として債券に投資することで、安定性を重視した運用を行うタイプ
② バランス型	複数の資産をバランスよく分散して組み入れ、収益性を確保するタイプ
③ 成長型	主として株式に投資することで、成長性を重視して運用するタイプ

各論編

●ポイント

　投資信託は、販売会社が多くの投資家から資金を集め、これを一つにまとめて大きな資金（信託財産）にして専門家（投資信託委託会社）が運用する仕組みの金融商品です。集まった資金は、有価証券や不動産などに分散投資され、その成果（運用損益）は投資額の割合に応じて投資家に還元されます。ただし、投資信託は、運用実績が上がらず購入時よりも値下がりした場合、購入額よりも売却額が下回る可能性があります（元本保証はありません）。

Column 6
上場不動産投資信託（J-REIT）とは

　REIT（Real Estate Investment Trust）とは、オフィスビルや商業施設、マンションなど複数の不動産へ投資して、そこから生じる収益を投資家に分配することを目的とする投資信託です。1960年にアメリカで創設されたのが始まりです。

　日本におけるREITは、J-REIT（ジェイリート：Japan Real Estate Investment Trust）と言われ、2000年の投資信託法の改正で、不動産が投資信託の運用対象に加わったことからスタートしました。2001年9月にJ-REITが初めて東京証券取引所に上場され、全ての投資家は現物不動産に投資しなくても不動産キャッシュフローを原資とする安定した収入を享受できるようになりました。

〔J-REITの仕組み〕

　J-REITは、株式会社の株式に相当する「投資証券」を発行し、J-REITに投資する投資家は、この投資証券を購入します。投資家から預かった資金をもとに、J-REITは不動産などに対して投資し、購入した物件の賃料収入や、物件の売買で得られた収益を投資家に分配します。またJ-REITは、金融機関から融資を受けたり、株式会社の社債に相当する「投資法人債」を発行して、資金調達をすることもあります。J-REITは「会社」ですから、意思決定をするための「役員会」が設置されています。ただし、J-REITは法律によって、運用などの実質的な業務を行うことが禁止されているので、資産運用の業務は「資産運用会社」に、資産保管の業務は「資産保管会社」に、一般事務は「事務受託会社」にそれぞれ委託されています。

　中でも重要なのが資産運用会社で、不動産の購入や売却、賃貸から管理までの判断を行うほか、金融機関と交渉して必要な資金調達などを行います。

　資産運用会社、資産保管会社および事務受託会社の業務概要は以下のとおりです。

各論編

資産運用会社
ファンドに組み入れる不動産の選定、テナントの募集・契約などJ-REITの中核業務を行う。

資産保管会社
投資法人から委託を受け、投資法人が保有する資産の保管を行う会社。信託銀行などである。

事務受託会社
一般事務委託契約に基づく事務業務を行う。計算業務、会計帳簿の作成業務、納税に関する業務などを行う。

　また、J-REITには役員会だけではなく、株式会社の株主総会にあたる「投資主総会」があり、役員の選任などについて、投資家が意思を示すことができる仕組みになっています。
　J-REITの仕組みを図示すると以下のとおりです。

J-REITの仕組み

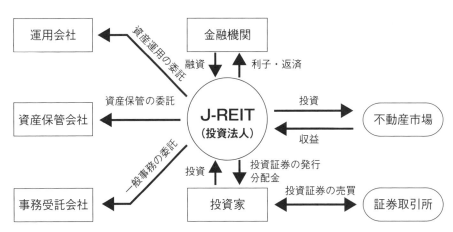

出所：投資信託協会のホームページをもとに作成（著者一部修正）。
（http://www.toushin.or.jp/investmenttrust/about/what/）

〔J-REITのメリット〕
　J-REITに投資するメリットを挙げれば以下のとおりです。

項　目	内　容
①少ない金額から購入できること	通常、不動産へ投資するためには、多額の資金が必要になるが、J-REITであれば、個々の投資家は少額からでも手軽に始めることができる。
②複数の不動産への分散投資が可能であること	多くの投資家から資金を集め、大きな資金として運用するJ-REITでは、個人では難しい、複数の不動産への分散投資が可能になる。
③専門家により運用されること	不動産投資の経験豊富なプロが運用し、実際に不動産に関連する業務を行う業者を選択・監督・指示する。
④換金性が高いこと	J-REITは証券取引所に上場されているので、購入や売却の注文がいつでも可能となる上、日々変動する価格をリアルタイムで知ることもできる。
⑤配当性が高いこと	J-REITは、利益のほとんどを投資家に分配する仕組みになっている。このため、実際の不動産そのものに投資するのと同様に、不動産からの収益を毎期の分配金として受け取ることが可能である。

出所：投資信託協会のホームページ、その他関連情報をもとに作成（著者一部修正）。

〔J-REITのリスク〕

　J-REITは多くのメリットを持つ一方で、さまざまなリスクを伴います。J-REITは、証券取引所に上場され、取引価格が変動するので、元本や利回りが保証された金融商品ではありません。

　J-REITの価格に影響を及ぼす主なリスクには、以下のものがあります。

項目	内容
①価格変動リスク	不動産の賃貸市場や売買市場、金利環境、経済情勢などの影響を受けて、J-REITが保有する物件の賃料収入が減ったり、保有物件そのものの価格が低下したりすることで、価格や分配金が変動する可能性がある
②金利変動リスク	J-REITは、一般投資家から資金を集めるほか、金融機関からの借入れを行って資金調達している場合がある。この場合、金利の変動はJ-REITの収益に影響を及ぼし、価格や分配金が変動する可能性がある。
③地震・火災など災害によるリスク	投資対象の不動産が地震や火災などの被災を受けた場合など、予想不可能な事態によって価格や分配金が変動する可能性がある。
④上場廃止になるリスク	証券取引所が定める上場基準に抵触し、上場廃止になった場合には、取引が著しく困難になる可能性がある。
⑤運営に関するリスク	J-REITは一般の法人と同様に、倒産するリスクがある。このリスクが表面化した場合、価格が著しく下落する可能性がある。

出所：投資信託協会のホームページ、その他関連情報をもとに作成（著者一部修正）。

Column 7-1
NISA（ニーサ）とは

　NISA（ニーサ）とは、2014年1月からスタートした少額投資非課税制度で、株式や投資信託などの運用益や配当金を一定額非課税にする制度です。

　通常、株式や投資信託などから得られた配当や譲渡益は所得税や住民税の課税対象（所得税：15％、住民税：5％、復興特別所得税：所得税額の2.1％（合計20.315％））となります。

　NISAは、毎年120万円（2016年1月以降）を上限とする新規購入分を対象に、その配当や譲渡益を最長5年間、非課税にする制度です。

　NISAを利用するためには、証券会社や銀行、郵便局などの金融機関でNISA口座を開設する必要があります。NISA口座は、日本国内に住む20歳以上の者ならだれでも、1人につき1口座を開設することができます。NISA口座を利用して投資を行える期間は、今のところ2014年～2023年までの10年間です。

　なお、2016年1月から子どもの将来に向けた資産運用のための制度として、ジュニアNISA（未成年者少額投資非課税制度）がスタートしました。

〔NISAの概要〕

制度対象者	20歳以上[注1]の日本国内居住者
非課税対象	非課税口座内の上場株式・公募株式投資信託などの配当や譲渡益（上場株式の配当は「株式数比例配分方式」[注2]で受け取るもののみ非課税）
非課税投資枠	新規投資額で年間120万円が上限
非課税期間	最長5年間（期間終了後、新たな非課税枠への移行による継続保有が可能）
投資総額	最大600万円まで
投資可能期間	2014年～2023年（10年間）
口座開設数	1人につき1口座（1年ごとに、金融機関の変更が可能）

注1：民法の成人年齢が20歳から18歳に引き下げられるのに伴い、関連税制が見直されることになり、NISAは18歳から利用可能になる。2019年度税制改正大綱に盛り込まれ、改正民法に合わせて2022年4月に施行されることとなった。
注2：株式数比例配分方式とは、上場株式の配当金や、ETF、REITの分配金を証券会社の取引口座で受け取る方式のことで、所定の手続きが必要になる。この方式を選択しなければ、非課税にならない。
　　しかし、NISA口座以外の特定口座や一般口座で保有される全ての配当金についても、自動的に「株式数比例配分方式」で受け取ることになる。複数の証券会社で株式を保有している場合も、いったん株式数比例配分方式を選択すると、自動的に全て株式数比例配分方式が適用される。

〔NISA利用時の注意点〕

①開設できる口座は1人につき1口座のみ

（たとえば、銀行と証券会社にそれぞれ1口座ずつ開設するのは不可）

②未使用の非課税枠の翌年繰り越し、売却した非課税枠の再利用は不可

③既に保有している上場株式などは対象外

（NISA口座は、新たに購入した上場株式・公募株式投資信託などが対象）

④他の口座との損益通算・損失の繰越控除不可

〔ジュニアNISAのポイント〕

①子どもの将来に向けた資産運用のための制度

②日本に住む0～19歳の未成年者が口座開設可能

（親権者等が代理で資産運用を行うことが可能）

③投資上限額は、毎年80万円まで（5年間で最大400万円）

④非課税期間はNISAと同じ、投資した年から5年間

⑤投資額からの収益（売却益・配当等）は非課税

⑥20歳以降は自動的にNISA口座が開設

〔ジュニアNISA利用時の注意点〕

ジュニアNISA利用時の注意点は以下のとおりです。

①子どもが18歳（学年でいうと高校3年生の12月末）になるまで、（災害等、特別な理由がある場合を除いて）払い出しは不可（もし、子どもが18歳未満で払い出しを行う場合、ジュニアNISA口座自体が廃止され、過去に遡って配当金や売却益で非課税だった金額に課税されたうえで払い出される）

②ジュニアNISAは贈与税の対象（ジュニアNISAは基本的に出資者（両親や祖父母）から運用資金を「生前贈与」するという考え方である。1年の贈与額が基礎控除額110万円を超えると、贈与を受けた側（子ども）が贈与税を納税する義務が生じるので気を付ける必要がある）

③口座開設後は金融機関の変更不可

各論編

Column 7-2
つみたてNISAとは

　つみたてNISAとは、2018年1月からスタートした特に少額からの長期・積立・分散投資を支援するための非課税制度です。

　利用対象者は、一般NISAと同様に国内在住で20歳以上（口座を開設する年の1月1日現在）です。ただし、つみたてNISAと一般NISAはどちらか一方の選択となり、同一年での併用はできません。

　つみたてNISAの対象商品は、手数料が低水準、頻繁に分配金が支払われないなど、長期・積立・分散投資に適した公募株式投資信託とETFに限定されており、投資初心者をはじめ幅広い年代の人にとって利用しやすい仕組みとなっています。金融庁は2018年度の税制改正要望事項の中につみたてNISAを含むNISA制度全体の利便性向上・充実を入れています。

〔非課税投資枠の取扱い〕

　つみたてNISAでは、毎年40万円を上限として一定の投資信託が購入可能です。

　各年に購入した投資信託を保有している間に得た分配金と、値上がりした後に売却して得た利益（譲渡益）が購入した年から数えて20年間、課税されません。非課税で保有できる投資総額は最大800万円となります。

　非課税期間の20年間が終了したときには、NISA口座以外の課税口座（一般口座や特定口座）に払い出されます。なお、つみたてNISAでは、翌年の非課税投資枠に移すこと（ロールオーバー）はできません。

　現在、つみたてNISAは2037年までの制度とされていますので、投資信託の購入を行うことができるのは2037年までです。

　2037年中に購入した投資信託についても20年間(2056年まで)非課税で保有することができます。

〔一般NISAとつみたてNISAの比較〕

　一般NISAとつみたてNISAの比較を簡単にまとめると以下のとおりです。

項　目	一般NISA	つみたてNISA
年間非課税投資枠	120万円まで(最大600万円)	40万円まで(最大800万円)
非課税期間	最長5年間(期間終了後、新たな非課税枠への移行による継続保有が可能)	20年間
非課税対象	非課税口座内の上場株式・公募株式投資信託などの配当や譲渡益	一定の投資信託への投資から得られる分配金や譲渡益
資金の引き出し	運用商品の換金後であればいつでも可能	運用商品の換金後であればいつでも可能

Chapter 5 ポートフォリオ

1. ポートフォリオ

(1)ポートフォリオとは

　ポートフォリオの本来の意味は、書類を入れて持ち運ぶための「ケース」「紙ばさみ」「書類かばん」のことです。そこから転じて「保有資産の一覧表」を表すようになり、現在では「保有資産や金融商品の組み合わせ」を意味します。

　つまり、資産運用におけるポートフォリオとは、資産配分された結果（組み合わせ）のことなのです。ポートフォリオを組む際には、ライフプランに応じて、資金の性格により分類し、それぞれに適した運用方法を考えていきます。

(2)ポートフォリオ運用

　性格の異なる多様な金融商品をバランスよく組み合わせて、効率的な運用を行うことをポートフォリオ運用と言います。さまざまなリスク・リターン特性のある金融商品を組み合わせる分散投資を行うことによって、リスクを軽減しながら目標とするリターンを達成することがポートフォリオ運用の目的です。

　一般に、資産レベルでの資産配分（アセット・アロケーション）を決定してから、個別銘柄・金融商品を決定し、実際に投資するタイミングを検討します。ポートフォリオ運用では、個別銘柄の選択よりも資産配分の方が運用成果を決定する重要な要素であるとされています。

　なお、ポートフォリオは、定期的な検討や見直しが必要です。

(3)分散投資の方法

① 分散投資とは

　投資の世界には「すべての卵を一つのかごに盛るな」という格言があります。これは資産運用の対象をできるだけ多くに分散させて投資することで、資産のリスクを低減させるということを意味する言葉です。たとえば、一つの金融商品（かご）だけに絞って

すべての資産（卵）を投資すると、万が一その運用がうまくいかなかったときに大きな損失が発生してしまいます。

　金融商品にもさまざまな種類があると同時に、その商品によって存在するリスクは異なります。それぞれ異なるリスクを持つ金融商品を投資の対象として組み合わせることによって、投資している資産全体のリスクを抑えることが可能になります。このように投資は一つの金融商品に集中させるのではなく、分散して投資することが大切です。

② 時間分散・長期投資

　分散投資によって各種のリスクを低減させる効果を期待することができますが、必ずしもそれだけでは十分ではありません。ある資産に短期間のみ投資した場合、その資産のリターンのブレ幅の影響を大きく受けます。

　しかし、その資産をまとめて一つのタイミングで購入するのではなく、投資するタイミングを分散しながら長期間にわたって投資した場合には、その投資期間のリターンのブレ幅は一つのタイミングで購入して短期間で運用するよりも安定してきます。

③ ドルコスト平均法

　ドルコスト平均法とは、一定期間に一定の金額を継続して投資していくことで投資のタイミングを分散させて投資対象の購入単価を平準化させる手法です。投資対象の価格が下がっているときには多く購入することができ、価格が上がっているときには少なく購入することになります。結果的に購入している平均単価は低くなります。

(4) ポートフォリオのリスク軽減効果

　同じような値動きをする資産・金融商品に分散投資しても、ポートフォリオ全体のリスク軽減効果は期待できません。値動きの方向が異なる資産・金融商品に分散投資すれば、値動きのブレが相殺されてポートフォリオのリスク軽減効果が高くなります。

　たとえば、ある証券A、Bそれぞれのリスクよりも A と B を組み合わせたポートフォリオのリスクの方が低くなる場合もあります。なお、このリスクの低減効果の度合いは、証券Aと証券Bの相関関係がどうなっているのかによって決まってきます。

① 証券同士の相関関係

　証券同士の相関関係とは、それぞれの値動きがどの程度似ているのかを意味するもの

です。同じような値動きをする（＝正の相関関係がある）証券同士の場合は、いくら組み合わせを変えても、それほどリスクは低くなりませんが、逆の値動きをする（＝負の相関関係がある）証券同士の場合は、リスクを大幅に低くすることが可能になります。このような相関関係の度合いを見るものが相関係数です。

② 相関係数

相関係数は、"1"から"－1"までの数値で表され、相関係数が"1"の場合は、証券同士が完全に一致した動きをすることになります。証券Aが値上がりすれば証券Bも値上がりするということです。

逆に、相関係数が"－1"の場合は、証券同士がまったく逆の値動きをすることになります。証券Aが値上がりすれば証券Bは値下がりし、証券Aが値下がりすれば証券Bは値上がりするといった形になります。

そして、相関係数が"0"の場合は、証券同士がまったく関係のない動きをすることになります。

証券Aが値上がりしたときに、証券Bは値上がりするときもあれば、値下がりするときもあるというように、まったく関連のない動きをするという意味です。

そして、相関係数が"－1"に近づくほど、リスクの低減効果が大きくなり、理論的にはリスクがゼロになる組み合わせということになります。

つまり、分散投資によってリスクを低くする効果を得るためには、その証券同士の相関関係が重要になります。相関関係を見る指標である相関係数が限りなく"－1"に近づく（負の相関になる）ような証券の組み合わせを選び、ポートフォリオを組めば、それだけリスクを低く抑えることができるのです。

図表５－１　二つの金融商品についての相関係数

相関係数＝1	その二つの金融商品の価格は完全に同一方向に動く
相関係数＝0	その二つの金融商品の価格はまったく関係のない動きをする
相関係数＝－1	その二つの金融商品の価格は完全に反対方向に動く

2. 金融商品の組み合わせ方

(1)アセット・アロケーション(資産配分)

　アセット・アロケーションとは、分散投資の考え方を活かした投資手法の一つです。資産（アセット）を株式や債券といった運用資産（アセットクラス）にどのように配分（アロケーション）するかが重要になります。
　ここでいう運用資産（アセットクラス）は、個別の金融商品を指しているのではなく、リターンやリスクなどが同じような特性を持った運用資産のグループのことです。たとえば、預貯金等、国内債券資産、国内株式資産、外国債券資産、外国株式資産などといったグループが考えられます。

(2)リスク許容度

　アセット・アロケーションを決める上で、自分がリスクをどれだけ取れるか、その度合いのことをリスク許容度と言います。
　資産配分の組み合わせは無数に考えられますが、その中から自分に合ったアセット・アロケーションを見つけるためには、リスク許容度を知らなければなりません。リスクの許容度は、いつどんな資金が必要になるかという資金の性格や、リスク許容度を決める要素によって判断することになります。

① 資金の性格
　資金の性格は、次のように分類することができます。

図表5－2　資金の性格の分類

流動性資金	・日常的な支出など、いつでも引き出し可能にしておきたい資金 ・いざというときに備えておきたい資金（病気やけがなどで入院など）
安全性資金	・近い将来支払う予定がある資金 （車の買い替え、教育資金、ローンの頭金など） ・使うときまでに少しでも運用したい資金
収益性資金	・当面使わない資金(5～10年以上) ・長期的に運用して大きく殖やしたい資金
老後の資金	・老後の生活資金として長期的かつ確実に殖やしたい資金

② リスク許容度を決める要素

リスク許容度を決める要素には、投資期間、余裕資金、目標とする金額の三つが挙げられます。

●ポイント

ポートフォリオ運用とは、性格の異なった複数の銘柄へ投資することにより、より安定した収益を上げるための投資の方法です。

個々の銘柄は、マーケット環境の悪化や企業業績の変動により、株価の大幅な変動を避けられないことがあります。しかし、性格の異なった複数の銘柄を組み合わせることにより、一銘柄の株価が急落しても他の銘柄でカバーできることもあります。さまざまな業種への分散投資により、市場全体の成長を幅広くとらえることができるといったメリットが、ポートフォリオ運用の特徴です。

Chapter 6
タックスヘイブン

1. タックスヘイブンとは

(1) タックスヘイブンの意味

タックスヘイブン（tax haven）とは、所得に対して、無税または極めて低い税率の国や地域のことで、租税回避地とも呼ばれます。また、タックスヘイブンは、別名「オフショア金融センター」（非居住者が資金調達・運用などの資金取引を自由に行える金融センター）あるいは略して「オフショア」などとも呼ばれます。

企業は課税を逃れる目的の実体のないペーパーカンパニー（paper company）や銀行口座をつくって所得や資産を移すことで、本国に納めるよりも税金の支払額を少なくできます。現在、税法上の明確な定義はありませんが、カリブ海地域の英領ケイマン諸島や欧州のモナコ、香港、パナマなどが該当するといわれています。

(2) 経済協力開発機構（OECD）によるタックスヘイブン判定基準の経緯

タックスヘイブンには、上述のとおり税法上の明確な定義はありませんが、OECDは有害税制、タックスヘイブンの判定基準を定めました。

OECDは、まず1998年のレポートでタックスヘイブンの判定基準を明確にしました。この基準は ①無税または名目的課税（No or only nominal taxes）、②有効な情報交換の欠如（Lack of effective exchange of information）、③透明性の欠如（Lack of transparency）、④実質的な経済活動の不在（No substantial activities）、から構成され、①に加えて、②〜④のいずれかに該当する場合にタックスヘイブンと判定されることとしました[1]。

続いて作られた2000年レポートでは、タックスヘイブンをさらに有害税制と認定された措置の撤廃を約束する「協力的タックスヘイブン」とこれを約束しない「非協力的タックスヘイブン」とに区別すると定められました。

1998年レポートでは四つの判断基準が定められましたが、2000年レポートで、タックスヘイブンの1番目の判定基準とされた「無税または名目的課税」はタックスヘイブンか否かの判断を行うに十分なものではないとの指摘がなされました。そして2001年

レポートでは加えて、判断基準の4番目の「実質的な経済活動の不在」について、当該経済活動が実際、実質的であるかどうかの判断は困難との理由から、タックスヘイブンが協力的か非協力的かの判断には使用しないこととしました。

したがって、非協力的タックスヘイブンは、「有効な情報交換の欠如」と「透明性の欠如」の2点のみを判断基準とされることになりました[2]。

2. タックスヘイブンの起源

タックスヘイブンの起源については、ローマ教皇領（最初の教皇領は8世紀）、12世紀から14世紀のイギリスのシンク・ポーツ（Cinque Ports：英仏海峡をのぞむ重要海港都市の組織）、13世紀のハンザ同盟の都市など、さまざまな説があります。多くの国が陸続きのヨーロッパでは、個人や企業がその所在地を課税上有利な国に移すことはしばしば行われてきました[3]。

また、この制度を作ることでその地は貿易の拠点となり、外貨が国内で消費されるので海洋国家にとっては有利な方法として考えられていました。

特に1950年代後半からのユーロダラー市場の発展は、規制のないオフショア金融センターの成立を促し、パナマや英領バージン諸島、ケイマン諸島など、資源や産業に乏しいカリブ海の小国などのタックスヘイブンがオフショア金融センターとして急成長し、多国籍企業などが世界的な税負担の軽減のためタックスヘイブンの利用を増加させるようになりました。

3. タックスヘイブンの主要国・地域

タックスヘイブンの代表的な国や地域は、上述したように英領ケイマン諸島や欧州のモナコ、香港、パナマなどが挙げられますが、これを税から見ると次の三つに区分できます。

① 所得に対する税（所得税、法人税等）がない国・地域：バハマ、バーミューダ、ケイマン諸島等で、これらの国・地域はタックスパラダイス（tax paradise）といわれています。
② 国外源泉所得に対する税が非課税か、極めて低い税率の国・地域：香港、リベリア、パナマ等で、これらの国・地域はタックスシェルター（tax shelter）といわれています。
③ 特定の会社や事業活動に限って、税制上の恩典がある国・地域：ルクセンブルグ、

オランダ、スイス等でこれらの国・地域はタックスリゾート（tax resort）といわれています。

4. タックスヘイブン対策税制（外国子会社合算税制）

タックスヘイブン対策税制とは、タックスヘイブンを利用して租税回避を図る行為を排除する制度で、日本では1978年度改正租税特別措置法で規定され、その後の改正を重ねつつ今日に至っています。

タックスヘイブンで得た所得は、源泉地国の法律で無税か名目的課税措置のみ行われるので、利益を配当として社外流出しなければ、そのまま再投資・運用できます。

上記の行為に対処するため、その源泉国での税負担が日本の法人税負担に比べて著しく低い外国子会社等の留保所得を、一定の要件の下、株式の直接・間接所有割合に応じて日本の株主の所得とみなし、それら株主の所得に合算した上で、日本で課税します。この制度が、タックスヘイブン対策税制です[4]。

現在は、日本の居住者または内国法人に直接または間接にその株式の50％超保有され、かつ実効税率が20％以下である外国子会社がタックスヘイブン対策税制の対象となります。

また、タックスヘイブンに本店があり、同族で10％以上株式を所有する会社で、その資本の50％超が日本資本である法人も該当します。

ただし、タックスヘイブンに子会社を設立する事業上の理由がある場合にまでこの税制を適用することは適当でないことから、一定要件を満たす事業実体のある子会社は本税制の対象外とする適用除外規定が設けられています。

5. パナマ文書とは

(1) パナマ文書の意味

パナマ文書（Panama Papers）とは、パナマの法律事務所、モサック・フォンセカ（Mossack Fonseca）によって作成された一連の機密文書です。

この文書にはタックスヘイブンを利用して、税金逃れをしている企業の実態が書き記されています。

文書は1970年代から作成されたもので、総数は1150万件にも上ります。文書にはオ

フショア金融センターを利用する21万4000社の企業の株主や取締役などの情報を含む詳細な情報が掲載されています。

(2) パナマ文書の問題点

パナマ文書の問題は、パナマの法律事務所、モサック・フォンセカから流出した文書によって、各国の首脳などがいわゆるタックスヘイブンにある企業を通じて金融取引を行っていたことが明らかになったことです。

この文書は、ドイツの新聞社「南ドイツ新聞（Süddeutsche Zeitung）」が入手し、世界の報道機関で構成する「国際調査報道ジャーナリスト連合」（ICIJ：The International Consortium of Investigative Journalists）が分析、公表した結果各国の首脳や閣僚が辞任する事態に発展しました。

この問題の焦点は、タックスヘイブンを利用した金融取引が、税金逃れだけでなく、犯罪組織が不正に得た利益を送金してよそに移すという、いわゆるマネー・ローンダリング（money laundering：資金洗浄）など闇取引にも利用されている可能性が高いとされている点です。

タックスヘイブン問題は一国だけで解決できる問題ではありません。租税回避を防ぐには世界各国が税制で協調する必要があります。

●ポイント

タックスヘイブンは法人税や源泉課税などがゼロまたは低税率という税制優遇措置をとっている国や地域のことで、租税回避地とも呼ばれます。主に多国籍企業やヘッジ・ファンドなどが利用していますが、犯罪組織のマネー・ローンダリングやテロ資金の運用などに悪用されているケースもあり、OECDはタックスヘイブンのリストを公表し、税制の見直しなどを求めてきました。その結果、多くの国と地域が金融規制や税制の見直しなどに着手しています。日本では、課税回避のみを目的にしたタックスヘイブンの利用に対してはタックスヘイブン税制（外国子会社合算税制）が適用されています。

【注記】
1）OECD、"*Harmful Tax Competition; An Emerging Global Issue*、" 1998, p.23.

（http://www.oecd.org/dataoecd/33/1/1904184.pdf）
2）JETRO「有害な租税競争へのOECDの取り組み」『ユーロトレンド』NO.52、2002年5月、35頁。
　（https://www.jetro.go.jp/world/reports/2004/05000412.html）
3）山口和之「タックス・ヘイブン規制の強化」『レファレンス』57頁（国立国会図書館、2009年）。
　（http://www.ndl.go.jp/jp/diet/publication/refer/200911_706/070603.pdf）
4）タックスヘイブン対策税制は、企業が利子や配当の受け取りといった日本でも可能な業務をタックスヘイブンなどの子会社で行い、本来は日本に帰属する所得が海外に移転してしまうのを防ぐのを目的としている。1978年の制度導入以降、改正を重ねられ、課税ルールは強化されている。2017年度の改正では、事業の管理・運営の実態がなく、事業に必要な拠点もない「ペーパーカンパニー」について原則として同税制が適用されることになった（日本経済新聞（朝刊）2018年11月13日）。

Chapter 7
社会保険

1. 社会保険制度の全体像

(1) 社会保険制度とは

　社会保険制度とは、病気、死亡などの不測の事故や老後の生活に備えて、制度加入者などが保険料を拠出し、病気、けが、身体の障害、死亡、老齢、失業などの保険事故が発生した場合に給付を行うことによって、制度加入者やその家族の生活の安定を図ることを目的とした制度です。

　社会保険は、国や地方自治体などが必要な給付を行う制度であることから公的保険であり、生命保険会社や損害保険会社などの民間企業が運営している私的保険と区別されます。

(2) 社会保険の種類

　わが国の社会保険制度は、医療保険、介護保険、年金保険、労災保険（労働者災害補償保険）、雇用保険から成り立っており、国民皆保険・国民皆年金となっています。また、被保険者により適用される保険制度が区分されています。

　社会保険（広義）は大きく、社会保険（狭義）と労働保険に分けることができます。その場合、労災保険と雇用保険は労働保険に分類されます（図表7－1）。

図表7－1　社会保険の種類

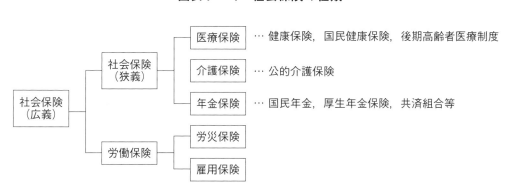

2. 公的医療保険

現在の日本では、国民皆保険が実現しています。乳幼児から高齢者まで、すべての人が必ずいずれかの医療保険に加入することになっており、万一の傷病の際、国民が等しく医療を受けられます。

医療保険は、被用者保険と地域保険に大別されます。前者に会社員・公務員などが加入する健康保険、共済組合などが、後者に自営業者などが加入する国民健康保険があります。そして、75歳以上の人が加入する後期高齢者医療制度があります。

(1) 健康保険

① 全国健康保険協会（協会けんぽ）と組合健保

健康保険は、各種事業所に使用される雇用労働者を被保険者（会社員）とする医療保険制度であって、被保険者の業務外の傷病、死亡、分娩に関して保険給付を行うとともに、その被扶養者のこれらの事故に関して保険給付を行う制度です。

健康保険には、全国健康保健協会が管掌する全国健康保険協会管掌健康保険（協会けんぽ）と、健康保険組合が管掌する組合管掌健康保険（組合健保）があります。なお、従来の政府管掌健康保険は、2008年10月、業務を全国健康保険協会に引き継ぎ、全国健康保険協会管掌健康保険（協会けんぽ）となりました。

② 高額療養費制度

会社員は健康保険に加入します。加入すれば保険料が必要で、原則として労使折半で負担します。会社員は、給与から健康保険料が源泉徴収されます。加入することで、病気などで医師の診察を受けても、医療費は原則として3割だけ負担すればよく、7割は政府または健康保険組合が負担してくれます。ただし、3割であっても患者の負担が高額になることもあるため、患者の負担を軽減することを目的とした高額療養費制度が設けられています。

高額療養費は、被保険者またはその被扶養者が同一の月に同一の医療機関に支払った一定額以上の自己負担額を言い、その額は払い戻されます。高額療養費に係る自己負担額は、患者などの所得によって異なります。

(2)国民健康保険(国保)

国民健康保険は、健康保険など職域保険の被保険者と被扶養者や生活保護を受けている世帯を除く、市区町村に住所を有するすべての住民を対象とした公的医療保険制度です。

国民健康保険の保険者は、市区町村と国民健康保険組合です。国民健康保険組合とは、医師や土木建築業などの同種の事業または業務に従事する300人以上の人で組織される法人です。

さらに、保険料（税）は前年の所得などを基準に決められますが、各市区町村によって保険料（税）は異なります。

なお、給付内容は健康保険と異なり、業務上、通勤途上の病気・けがも対象になります。

3. 公的介護保険

(1)公的介護保険とは

公的介護保険は、介護が必要になった人（要介護者）や介護が必要な状態になる恐れのある人（要支援者）に対して、必要な医療サービスや福祉サービスを行います。介護給付には居宅サービスと施設サービスがあります。

居宅サービスは、訪問介護（ホールヘルプ）や訪問入浴介護などがあります。一方、施設サービスは、介護老人福祉施設（特別養護老人ホーム）や介護老人保健施設（老人保健施設）などが利用できますが、介護認定審査で要支援と認定された人は施設に入所できません。保険者は市区町村です。

(2)被保険者の区分と内容

介護保険の被保険者は40歳以上の人です。65歳以上の者を第1号被保険者、40歳以上65歳未満の医療保険加入者を第2号被保険者と言います。

また、介護保険制度における保険給付には、介護給付、予防給付および市区町村特別給付があります。介護給付は要介護者に対して行う法定保険給付で、予防給付は要支援者に対して行う法定保険給付です。市区町村特別給付は要介護者または要支援者に対して、介護給付および予防給付以外に行われる当該市区町村独自の保険給付です。

(3)介護認定

介護保険の介護サービスを受けるためには、市区町村に申請して要介護または要支援状態であると認定される必要があります。

介護認定には「要支援(軽い方から1～2の2段階)」「要介護(軽い方から1～5の5段階)」があり、要介護・要支援の認定を受けると、介護サービスを選択して利用することができます。

4. 労働者災害補償保険制度(労災保険)

(1)労働者災害補償保険制度とは

労働者災害補償保険制度(以下、労災保険)とは、政府が保険者になり、業務上の事由または通勤による労働者の病気、けが、障害、それに伴う介護または死亡に対して保険給付を行う制度です。

労災保険は、ごく一部の事業を除き、1人でも労働者を使用している事業所に加入を義務付けています。労災保険は、アルバイト、パートタイマー、外国人労働者、日雇い労働といった雇用形態や労働時間の長短にかかわらず、全従業員に適用されます。なお、保険料は事業主が全額負担します(事業の内容によって保険料率が定められている)。また、保険者は政府、窓口は労働基準監督署です。さらに、労災保険の保険給付は、業務災害によるものと通勤災害によるものがあります。

5. 雇用保険

(1)雇用保険とは

雇用保険は、労働者が失業した場合などに必要な給付を行い、その生活の安定を図るとともに、求職活動の促進と援助、失業の予防、雇用状態の是正および雇用機会の増大、労働者の能力の開発向上などを目的としています。

保険者は政府、窓口は公共職業安定所(ハローワーク)です。

(2)給付の主な種類

　給付の中心は、失業の際の求職者給付です。そのほか、早期に就職した場合の就職促進給付や、失業を防ぐ教育訓練給付、雇用の継続に資する雇用継続給付があります。また、失業の予防、雇用状態の是正、雇用機会の増大（雇用安定事業）、労働者の能力の開発・向上（能力開発事業）、労働者の福祉の増進（雇用福祉事業）を目的とした事業も行っています。

●ポイント

　社会保険がカバーする保険事故は、生活安定や稼得能力に関して短期的な病気、けが、障害、出産、失業および長期的な老齢や介護、死亡などです。労働者世帯（会社員）と自営業者世帯に分けて、保険事故によって適用される制度が異なります。たとえば、原則として自営業世帯は失業による保障がありません。また、全般的に労働者世帯の給付は厚く、自営業世帯の給付は薄くなっています。

　自分の加入する社会保険制度の特徴をよく理解することが安心な暮らしの第一歩です。そして必要に応じて、民間保険を活用しながら無駄のないバランスの取れた保障を備えておくことが大切です。

Chapter 8 公的年金

1. 年金制度の概要

(1) 年金制度の全体像

公的年金は社会保険の一つで、わが国ではすべての国民がいずれかの公的年金制度に加入する国民皆年金の制度となっています。

公的年金には、国民年金、厚生年金、共済年金の三つがありましたが、2015年10月の年金制度改革で、公務員等の共済年金と会社員等の厚生年金保険が一元化されました。この制度改正によって、共済年金特有の優遇制度といわれていた「3階部分」（職域加算分）は廃止されましたが、退職給付の一部として「年金払い退職給付」が創設されました。

現在の年金制度は、全国民に共通した国民年金（基礎年金）を基礎（1階部分）とし、それに上乗せする2階部分の厚生年金保険に、3階部分の企業年金等を加えた3階建ての体系となっています。年金制度の体系は図表8－1のとおりです。

なお、自営業者など国民年金の第1号被保険者のための上乗せ制度として国民年金基金制度があります。任意加入で、老齢基礎年金基金や死亡一時金の上乗せ制度になっています。

図表8－1　公的年金制度の体系

第1号被保険者	第2号被保険者	第3号被保険者
個人型確定拠出年金 / 国民年金基金	個人型確定拠出年金 / 企業年金等 / 厚生年金保険	年金払い退職給付 / 厚生年金保険
国民年金（基礎年金）	国民年金（基礎年金）	国民年金（基礎年金）
自営業者・学生等	会社員等 / 公務員等	第2号被保者の被扶養配偶者

(2) 国民年金の被保険者

 国民年金は、日本国内に住所を有する20歳以上60歳未満のすべての人が加入するもので、老齢・障害・死亡により「基礎年金」を受けることができます。国民年金には、第1号被保険者、第2号被保険者、第3号被保険者と3種類があります（図表8－2）。

図表8－2　国民年金の被保険者

	第1号被保険者	第2号被保険者	第3号被保険者
対象者	20歳以上60歳未満の国内に住所を有する者で第2号・第3号以外の者（自営業の人とその配偶者、学生、無職の人など）	厚生年金保険加入者（会社員）、共済年金加入者（公務員など）	20歳以上60歳未満の第2号被保険者に扶養されている配偶者（一般的には会社員・公務員の妻）

(3) 厚生年金保険の被保険者

 厚生年金保険の被保険者は、必ず加入しなければならない強制加入被保険者と希望して加入する任意加入被保険者がいます。

① 強制加入被保険者

 厚生年金保険の強制加入被保険者は、原則として一定の事業所に使用される70歳未満の人です。なお、厚生年金保険の被保険者は、同時に国民年金の被保険者（第2号被保険者）になります。

② 任意加入被保険者

 強制加入被保険者以外でも、厚生年金保険に加入していない事業所に勤める人や、老齢基礎年金の受給資格を得るため、希望して厚生年金保険に加入する70歳以後の人も被保険者となります。

 主な任意加入被保険者に、高齢任意加入被保険者があります。高齢任意加入被保険者とは、70歳に達しても老齢給付の受給資格期間を満たしていない人で、70歳以後も厚生年金保険の受給資格期間を満たすまで任意加入している人を言います。保険料は原則自己負担ですが、事業主の同意が得られれば事業主と折半で納めることができます。

(4) 共済年金の被保険者

　共済年金は、国家公務員、地方公務員や私立学校の教職員などとその家族の老齢・障害・死亡について保険給付を行い、組合員や遺族の生活の安定と福祉の向上を目的とした制度です。基本的な内容は厚生年金保険と同じですが、共済特有の「職域年金部分」が加算されていることが大きな特徴です。

　ただし、2015年10月より共済年金・厚生年金が一元化されましたので、それ以降に65歳になる人や公的年金の受給権を得る人の場合は、2階部分は老齢厚生年金として受給します。職域年金相当分は廃止されることになりましたが、2015年9月までの共済組合員期間があれば、その期間に応じた職域年金相当分を受給できます。

(5) 給付の種類

　給付の種類は、①老齢、②障害、③死亡の原因によって支給されます。
　保険事故と給付の種類は図表8-3のとおりです。

図表8-3　保険事故と給付の種類

保険事故	国民年金	厚生年金（共済年金）
老　齢 （歳を取ったとき）	老齢基礎年金 付加年金	老齢厚生年金 （退職共済年金）
障　害 （障害を負ったとき）	障害基礎年金 （1級・2級）	障害厚生年金 （障害共済年金） （1級・2級・3級） 障害手当金
死　亡 （遺族になったとき）	遺族基礎年金 寡婦年金 死亡一時金	遺族厚生年金 （遺族共済年金）

注：「被用者年金一元化等を図るための厚生年金保険法等の一部を改正する法律」により、被用者年金制度は2015年10月に一元化され、2015年10月1日以後に、受給権が発生する年金は、原則として共済年金から厚生年金に変わりました。

2. 老齢給付

(1) 老齢基礎年金の受給要件

　原則として、保険料納付済み期間、保険料免除期間、合算対象期間を合わせた期間（受

給資格期間）が25年以上ある人が65歳に達したとき、老齢基礎年金を受給することができるとされていましたが、2017年8月1日以降は10年以上の加入期間があれば、保険料を納めた期間・免除された期間に応じた年金が支給されることとなりました。

ただし、遺族基礎年金と遺族厚生年金の受給要件は短縮されていません。従来どおり、死亡した人に25年以上の資格期間があること（死亡した人が被保険者であった場合等を除く）が受給要件となっています。

(2) 老齢厚生年金の受給要件

厚生年金の被保険者期間があって、老齢基礎年金を受けるのに必要な資格期間を満たした人が65歳になったときに、老齢基礎年金に上乗せして老齢厚生年金が支給されます。ただし、当分の間は、60歳以上で、①老齢基礎年金を受けるのに必要な資格期間を満たしていること、②厚生年金の被保険者期間が1年以上あることにより受給資格を満たしている人には、65歳になるまで、特別支給の老齢厚生年金が支給されます（ただし、1986年4月の改正により、支給開始年齢は段階的に引き上げられ、男性は1961年4月2日以降生まれ、女性は1966年4月2日以降生まれの人からは、老齢基礎年金、老齢厚生年金とも一律65歳からのの支給開始となりました）。

3. 障害給付

(1) 障害基礎年金

国民年金に加入している間に初診日（障害の原因となった病気やけがについて、初めて医師の診療を受けた日）のある病気やけがで、法令により定められた障害等級表（1級・2級）による障害の状態にある間は障害基礎年金が支給されます。

(2) 障害厚生年金

厚生年金に加入している間に初診日のある病気やけがで障害基礎年金の1級または2級に該当する障害の状態になったときは、障害基礎年金に上乗せして障害厚生年金が支給されます。また、障害の状態が2級に該当しない軽い程度の障害のときは3級の障害厚生年金が支給されます。

なお、初診日から5年以内に病気やけがが治り、障害厚生年金を受けるよりも軽い障害が残ったときには障害手当金（一時金）が支給されます。

4. 遺族給付

(1)遺族基礎年金

国民年金に加入中の人が亡くなったとき、その人によって生計を維持されていた「18歳到達年度の末日までの間にある子（障害者は20歳未満）のいる配偶者」または「子」に遺族基礎年金が支給されます。

(2)遺族厚生年金

厚生年金に加入中の人が亡くなったとき（加入中の傷病がもとで初診日から5年以内に亡くなったとき）、その人によって生計を維持されていた遺族（①配偶者または子、②父母、③孫、④祖父母の中で優先順位の高い人）に遺族厚生年金が支給されます。

●ポイント

公的年金制度は、老後の保障だけでなく、亡くなったときの遺族保障や障害状態になったときの生活保障にもなる大切なものです。しかし、老後の生活を安心して送るためには、十分とは言えません。公的年金のほかにも、退職金や企業年金、保険会社の個人年金保険などで準備するなど、将来困らないようにしっかり準備していくことが大事です。

Chapter 9 企業年金

1. 企業年金の種類

　企業年金とは、従業員の老後生活の安定を図るため、企業が任意に設定・運営する年金制度です。

　公的年金制度と個人年金のような純粋な私的年金制度との中間的な年金制度であると言えます。

　日本の企業年金は、確定給付型と確定拠出型の2種類があります。あらかじめ給付額の算定式が確定している確定給付型に対し、確定拠出型は掛け金建ての制度で運用実績で給付額が決まる仕組みになっています。

　主な企業年金には、厚生年金基金、確定給付企業年金（規約型・基金型）、確定拠出年金のほか、企業が単独で年金の給付を含むすべての管理運営を行う自社年金などがあります。

　その他、共済制度を利用して退職金や年金を準備する方法として、中小企業退職金共済制度、特定退職金共済制度および小規模企業共済制度がありますが、これらは、企業年金類似制度と呼ばれています。

2. 確定給付型年金

(1) 厚生年金基金

　厚生年金基金は、厚生年金保険からの老齢給付の一部を国に代わって行い、企業独自の年金給付として上乗せの給付を行うものです。

　導入のメリットとしては、国より手厚い給付を受けられること、税制面の優遇措置を受けられることなどが挙げられます。

　掛け金は、企業負担分は全額損金算入、本人負担分は社会保険料控除として所得控除されます。

　しかし、運用環境の長期低迷により年金財政が厳しくなっていたことに加えて、新しい会計基準の導入により、年金債務の負荷が重くなってきたことから、代行返上に踏み切る基金が多くなってきています。

(2)確定給付企業年金

確定給付企業年金は、2002年4月に施行された確定給付企業年金法による新しい制度です。

厚生年金基金のような代行部分は持たず、老齢厚生年金に対する上積みのみを支給します。代行返上した厚生年金基金や税制適格年金からの移行の受け皿となっています。

確定給付企業年金には、規約型と基金型とがあります。規約型年金とは、企業が、労使が合意した年金規約に基づいて、信託銀行・生命保険会社等と契約を締結し、年金資産の管理・運用を委託するというものです。これに対し、基金型年金は、労使が合意した年金規約を作成した上で、独立の別法人である企業年金基金を設立し、この基金が年金資産の管理・運用と給付を行うものです。いずれの場合も、規約について厚生労働大臣の承認を受けなければなりません。また、基金型の場合には、企業年金基金の設立について厚生労働大臣の認可を受ける必要があります

(3)自社年金

自社年金は、企業自身が年金の支払いを含むすべての管理運営をするものです。自由に制度を設計できますが、税制面の優遇措置の適用がなく、物価上昇への対応が難しいなどの欠点もあります。

3.確定拠出年金

確定拠出年金は、企業が掛け金を拠出する企業型年金と、企業年金制度がない中小企業の従業員や自営業者が加入する個人型年金があります。企業型年金については、2012年1月の確定拠出年金法の一部改正により、加入者も一定の範囲内で事業主の掛け金に上乗せ拠出ができる「マッチング拠出」が可能となりました。

確定拠出年金制度は、掛け金の運用結果に応じて年金受給額が変動します。確定給付年金では加入実績に応じて年金受給額が決まるのに対して、確定拠出年金は加入者やその勤務先企業が毎月一定額の掛け金を積み立て、将来受け取る年金は加入者による積立金の運用実績に左右されます。

確定拠出型 と確定給付型 の比較を図表9－1に示すこととします。

図表9－1　確定拠出型と確定給付型の比較

	確定拠出型	確定給付型	
制度	確定拠出年金	厚生年金基金	確定給付企業年金
仕組み	掛金額を保障（給付額は、運用成果により決まる）	給付額を保障	
運営主体	事業主（企業型年金） 国民年金基金連合会（iDeCo）	厚生年金基金	企業年金基金または事業主
掛金	事業主拠出、規約に定めた場合は加入者拠出も可能（企業型年金） 本人拠出（中小事業主掛金納付制度（注）を利用する場合は事業主も拠出可能）（iDeCo）	加算部分（多くは事業主負担） 代行部分（事業主と加入者が折半）	事業主拠出が原則（加入者が同意した場合は加入者拠出が可能）
資産運用等	加入者が運用を行い、資産は個人別に管理される	制度実施者（企業等）がまとめて運用管理を行う。	
税制(拠出時)	非課税	非課税	非課税（加入者拠出は実質課税（生命保険料控除））
(運用時)	特別法人税課税（現在、課税は停止）	実質非課税	特別法人税課税（現在、課税は停止）
(給付時)	年金：公的年金等控除 一時金：退職所得控除	年金：公的年金等控除 一時金：退職所得控除	年金：公的年金等控除 一時金：退職所得控除 ※加入者拠出相当分は非課税

注：中小事業主掛金納付制度とは、企業年金を実施していない中小企業が、従業員の老後の所得確保に向けた支援を行うことができるよう、その従業員の掛金との合計がiDeCoの拠出限度額の範囲内（月額23,000円相当）でiDeCoに加入する従業員の掛金に追加して、事業主が掛金を拠出することができる制度である。
出所：厚生労働省ホームページをもとに作成（著者一部修正）。
　　　(http://www.mhlw.go.jp/stf/seisakunitsuite/bunya/nenkin/.../kyoshuts...)

（1）加入対象者と拠出限度額

　加入者は、金融機関などの運営管理機関が提示する積立金を運用するための必要な投資手段として、3種類以上の金融商品（定期保険などの元本確保型と投資信託の元本変動型）の中から自分の判断で運用の方法を選びます。なお、掛け金の拠出時や受給時に税制面の優遇措置が設けられています。

　従来は、企業型年金も個人型年金も、確定拠出年金に加入できるのは60歳未満の会社員や自営業者であり、専業主婦や公務員は加入できませんでした。しかし、確定拠

出年金の改正法が2016年5月に成立し、個人型確定拠出年金（iDeCo：individual-type Defined Contribution pension plan）については、専業主婦や公務員も加入できるようになりました（2017年1月1日施行）。

加入者は原則として10年以上掛け金を積み立て、60歳から年金を受け取ります。加入している会社員が転職した場合、転職先によっては積立金を持ち運んで掛け金の支払いを継続することができます。

(2)受給要件

支給を受けるための要件として、一定の年齢（たとえば60歳）に達した場合、高度障害になった場合、死亡した場合があります。

上記のうち、高度障害とは傷病により寝たきりになった場合などを指します。本人が死亡した場合は遺族に一時金が支給されます。本人が受け取る場合は60歳以後で、本人が希望する年齢から支給を受けられますが、遅くとも70歳までには支給を受け始める必要があります。

支給を受ける場合は、加入者からの申請により、運営管理機関が調査、確認を行い、受給要件を満たしていれば、その通知に基づいて資産管理機関（企業型年金）または国民年金基金連合会（個人型年金）が実際に年金を支給することになります。

(3)税　　制

確定拠出年金の税制の概要は、図表9－2のとおりです。

図表9－2　確定拠出年金の税制の概要

	企業型年金	個人型年金（iDeCo）
搬出時	非課税（事業主が拠出した掛金額は、全額損金算入・加入者が拠出した掛金額は、全額所得控除（小規模企業共済等掛金控除））	非課税（加入者が拠出した掛金額は、全額所得控除（小規模企業共済等掛金控除）・中小事業主掛金納付制度を利用し事業主が拠出した掛金額は、全額損金算入））
運用時	特別法人税課税（現在、課税は停止）	
給付時	①年金として受給：公的年金等控除（標準的な年金額までは非課税） ②一時金として受給：退職所得控除	

出所：厚生労働省ホームページをもとに作成（著者一部修正）。
　　　(http://www.mhlw.go.jp/stf/seisakunitsuite/bunya/nenkin/.../kyoshuts...)

(4) メリットとデメリット

確定拠出年金のメリットとデメリットをまとめれば図表9-3のとおりです。

図表9-3　確定拠出年金のメリットとデメリット

メリット	デメリット
①税制面での優遇措置がある(拠出限度額の範囲で、掛け金は全額所得控除される)	①投資リスクを加入者個人が負うことになる
②加入者個人が運用の方法を決めることができる	②運用が不調であれば年金額が減る
③一定の要件を満たせば、離・転職に際して年金資産の持ち運びが可能である(ポータビリティ)	③老後に受け取る年金額が事前に確定しない
④運用が好調であれば年金額が増える	④原則60歳までに途中引き出しができない
⑤年金資金が加入者ごとに管理されるので、各加入者が常に残高を把握できる	⑤運用するためには一定の知識が必要である

(5) 加入対象者と拠出限度額の概要

加入対象者と拠出限度額の概要は、図表9-4のとおりです。

図表9-4　加入対象者と拠出限度額の概要

	企業型年金	個人型年金(iDeCo)
実施主体	企業型年金規約の承認を受けた企業	国民年金基金連合会
加入できる者	実施企業に勤務する従業員(厚生年金保険の被保険者のうち厚生年金保険法第2条の5第1項第1号に規定する第1号厚生年金被保険者又は同項第4号に規定する第4号厚生年金被保険者)	①自営業者等(農業者年金の被保険者、国民年金の保険料を免除されている者を除く)(国民年金第1号被保険者) ②厚生年金保険の被保険者(公務員や私学共済制度の加入者を含む。企業型年金加入者においては、企業年金規約において個人型年金への加入が認められている者に限る。)(国民年金第2号被保険者) ③専業主婦(夫)等(国民年金第3号被保険者)

掛金の拠出	事業主が拠出（規約に定めた場合は加入者も拠出可能）	加入者個人が拠出（中小事業主掛金納付制度を利用する場合は事業主も拠出可能）
拠出限度額	①厚生年金基金等の確定給付型の年金を実施していない場合 55,000円（月額） 660,000円（年額） ②厚生年金基金等の確定給付型の年金を実施している場合 27,500円（月額） 330,000円（年額）	①自営業者等 　68,000円（月額），816,000円（年額） 　※　国民年金基金の限度額と枠を共有 ②厚生年金保険の被保険者のうち （ｱ）厚生年金基金等の確定給付型の年金を実施している場合 　12,000円（月額）、144,000円（年額） （ｲ）企業型年金のみを実施している場合 　20,000円（月額）、240,000円（年額） （ｳ）企業型年金や厚生年金基金等の確定給付型の年金を実施していない場合（下記（ｴ）の者を除く） 　23,000円（月額）、276,000円（年額） （ｴ）公務員、私学共済制度の加入者 　12,000円（月額）、144,000円（年額） ③専業主婦（夫）等 　23,000円（月額）、276,000円（年額）

出所：厚生労働省ホームページをもとに作成（著者一部修正）。
(http://www.mhlw.go.jp/stf/seisakunitsuite/bunya/nenkin/.../kyoshuts...)

●ポイント

　企業年金制度は、公的年金を補完し、企業の従業員がより豊かな老後生活に備えることを目的として、企業が任意で設定・運営できる制度です。

　企業年金には、厚生年金基金、確定給付企業年金（規約型・基金型）、確定拠出年金などがあります。

　確定拠出年金は、公的年金に上乗せされる年金制度ですが、給付額が約束されている従来の厚生年金基金等と違い、本制度は加入者自らが運用指図を行い、その運用成果次第で将来の年金額が変わる仕組みです。会社が掛け金を出すタイプや、個人で掛け金を出すタイプ、会社と個人双方から掛け金を出すタイプなどがあります。

Chapter 10
生命保険

1. 生命保険の仕組み

(1)生命保険とは

　生命保険は、大勢の人が公平に保険料を負担し合い、いざというときに給付を受けるという、大勢の人による「助け合い」「相互扶助」の仕組みで成り立っています。生命保険は、「人の生死」を保険事故とし、その事故があった場合に「一定の金額」を支払うことが特徴です。なお、生命保険は、万一の時の保障機能だけでなく、保険の種類によっては貯蓄機能を兼ね備えているものもあります。

(2)生命保険料の仕組み

① 保険制度の基本的な原則

❶大数の法則

　少数では不確定なことも、大数で見ると一定の法則があることを「大数の法則」と言います。人の生死の法則にも当てはまります。保険会社はこの法則を応用して過去のデータから死亡率や災害事故の発生率を求め、将来の死亡率などを見込んで保険料を算出しています。

❷収支相等の原則

　契約者全体で見た場合に、契約者が払い込んだ保険料の総額と保険会社が受取人に支払う保険金の総額が等しくなるよう保険料が計算されます。これを「収支相等の原則」と言います。

② 保険料計算の基礎

　保険料は、予定死亡率、予定利率、予定事業費率という予定した三つの予定基礎率に基づいて計算されています。

　予定基礎率は、契約時期、保険会社、保険種類などによって異なります。予定死亡率が低いほど、予定利率が高いほど、予定事業費率が低いほど、保険料は安くなります。

図表 10 − 1　三つの予定基礎率

予定死亡率	死亡率を基にして将来の保険金の支払いに必要な保険料を計算する
予定利率	保険料は、運用によって得られる収益を予定して、あらかじめ一定の利率で割り引かれている。その割引に使用する利率を予定利率と言う
予定事業費率	保険会社は、保険事業運営上必要とする経費を予定して保険料の中に組み込んでいる

③ 保険料の構成

　保険料は、将来の保険金支払いの財源となる部分である純保険料と、保険制度を維持するための費用である付加保険料から構成されます。純保険料は予定死亡率と予定利率を基礎に計算され、付加保険料は予定事業費率を基礎に計算されます。

(3) 剰余金と配当金の仕組み

① 剰余金の3利源

　三つの予定基礎率は、安全を見込んでいるため毎年度末の決算では、通常、余り（剰余金）が生じます。剰余金が生ずる原因には、死差益、利差益、費差益の三つ（剰余金の3利源）があります。

図表 10 − 2　剰余金の3利源

死差益	予定死亡率によって見込まれた死亡者数よりも、実際の死亡者が少なかった場合に生ずる利益のこと
利差益	予定利率によって見込まれた運用収入よりも、実際の運用収入が多かった場合に生ずる利益のこと
費差益	予定事業費率によって見込まれた事業費よりも、実際の事業費が少なかった場合に生ずる利益のこと

② 剰余金と配当金

　生命保険会社は、剰余金の一定割合を契約者配当準備金に繰り入れ、これを財源として契約者に配当金を支払います。

　配当金は、保険種類、性別、支払方法、経過年数、保険期間などによって支払額が異なります。

各論編

(4)生命保険の三つの基本型

生命保険は、「どのような場合に保険金が支払われるか」によって、死亡保険、生存保険、生死混合保険の三つの基本型に分類できます。

図表10－3　生命保険の三つの基本型

死亡保険	被保険者が死亡または高度障害になった場合にのみ保険金が支払われる保険
生存保険	被保険者が満期まで生存している場合にのみ保険金が支払われる保険
生死混合保険	死亡保険と生存保険を組み合わせた保険。被保険者が保険期間の途中で死亡または高度障害になったときや、保険期間満了まで生存したときに保険金が支払われる

2. 主な生命保険の種類

主な生命保険の種類は以下のとおりです。ただし、現在は、日銀のマイナス金利導入を受け、生命保険各社は貯蓄性の高い一時払終身保険や個人年金など一部商品の販売を停止したり、保険料を値上げしたりしています。これらの商品は保険金を長期間国債などで運用するため、金利低下の影響を受けやすいからです。

(1)万一の時の死亡保障に重点を置く保険

死亡保障に重点を置く保険として、定期保険、終身保険、定期保険特約付終身保険、利率変動型積立終身保険などがあります。

(2)医療保障に重点を置く保険

医療保障に重点を置く保険には、医療保険、生前給付保険、介護保険、がん保険などがあります。

(3)保障性と貯蓄性を組み合わせた保険

保障性と貯蓄性を組み合わせた保険には、養老保険、定期保険特約付養老保険、生存

給付金付定期保険などがあります。

(4)貯蓄性の保険

貯蓄性の保険には、貯蓄保険、こども保険などがあります。

(5)老後の生活資金を準備する保険

老後の生活資金を準備する保険には、あらかじめ決められた年齢から毎年一定額の年金が支払われる個人年金保険があります。

(6)変額保険

変額保険とは、資産を主に株式や債券などの有価証券に投資し、運用実績に応じて保険金額などが変動する生命保険のことです。変額保険の資産は、定額型の保険とは明確に区別された特別勘定で運用され（定額保険は一般勘定）、その運用リスクは契約者に帰属します。

3. かんぽ生命

(1)かんぽ生命とは

かんぽ生命保険は、日本郵政公社の民営・分社化により誕生した日本郵政グループの生命保険会社（株式会社）です。

直営店と郵便局が窓口で、保険商品の種類も多様で、普通養老保険、特別養老保険、特定養老保険、定額型終身保険、学資保険、普通定期保険、定期年金保険などがあります。

民営化後は一般の生命保険会社と同じ扱いですが、商品性については簡易保険時代の特徴を引き継いでいます。

(2)かんぽ生命の特徴

かんぽ生命の特徴は図表10－3のとおりです。

図表10－3　かんぽ生命の特徴

① 加入時に医師による診査はなく、告知だけで加入できること
② 全国の郵便局で、加入や保険金の支払手続きができること
③ 職業による加入制限がないこと
④ 保険金が窓口で即時に支払われること
⑤ 保険金額・年金額の加入限度額が設けられていること

●ポイント

　生命保険は、加入者本人が万が一死亡したり、高度障害などになってしまった場合に、保険金が支払われる民間の保険です。死亡した場合には「死亡保険金」、生存していても所定の高度障害状態に該当する場合は「高度障害保険金」が支払われます。主な生命保険の種類としては、定期保険、終身保険、養老保険、個人年金保険などがあります。保険料は予定死亡率・予定利率・予定事業費率をもとに算出されます。

Chapter 11 損害保険

1. 損害保険の仕組み

(1) 損害保険とは

　生命保険が人を対象にしているのに対して、損害保険は主に物、人、賠償責任を対象にしています。
　損害保険は、偶然の事故や災害に対して、多数の人が保険料を出し合い、相互にリスクを負担することで万一の際に経済的な負担を軽減・安定させる制度です。

(2) 損害保険料の構成

　(営業) 保険料は、保険金の支払いに充てられる純保険料と保険事業を運営するために必要な経費、代理店手数料などの諸経費、利潤からなる付加保険料で構成されています。積立保険の場合には、そのほかに積立保険料 (満期返戻金の原資となる部分) が加わります。なお、損害保険料は生命保険料と同様に大数の法則や収支相当の原則等に基づいて計算されます。

(3) 損害保険の分類

　損害保険商品は、どのような損害を補償するかにより、物保険、人保険、賠償責任保険、その他の保険の四つに分類されます。

図表11－1　損害保険商品の分類

物保険	火災保険、車両保険など
人保険	傷害保険など
賠償責任保険	対人・対物賠償保険、個人賠償責任保険など
その他の保険	人・物の損害や賠償責任以外を補償

各論編

2. 火災保険

(1)住まいの保険(火災保険)

　火災保険には、対象とする事故の範囲が異なる幾つかのタイプがあります。個人が利用する住まいの保険（火災保険）は、建物と家財に対するリスクをカバーする保険です。

　住まいの保険（火災保険）では、火災だけでなく、風災・水災・雪災・落雷などの風水災等による損害を補償する商品があります。台風や暴風などの風災による損害や、大雪などの雪災による損害について、一定額以上に達するものであれば補償の対象としています。

　さらに補償を充実させた住まいの保険（火災保険）の中には、損害が一定額（一定割合）以上に達しなくても補償する商品もあります（損害額の全額を補償する商品や、一定の免責金額を設定している商品があります）。

　金融自由化前の業界統一の火災保険商品には、住宅火災保険、住宅総合保険、団地保険といったものがありました。現在では、各社独自商品が販売の主流となっており、販売を停止している保険会社も多数です。各保険会社で販売されている商品の名称も、たとえば、すまいの総合保険、家庭総合保険など、総合保険という用語を使うケースや、単に、住まいの保険とする会社が多くなっています。

　なお、地震・噴火・津波による損害は、住まいの保険（火災保険）では補償されず、地震保険で補償されます。

(2)地震保険

　地震保険とは、地震、噴火またはこれらによる津波によって、火災、損壊、埋没または流失による損害を補償する地震災害専用の保険です。

　地震保険は単独では契約できません。火災保険にセットして契約する必要があります。

　なお、火災保険の契約期間の中途でも地震保険の契約ができます。

　地震保険の保険金額は、火災保険の保険金額の30％～50％の範囲内で定めています(ただし、上限は建物5,000万円、家財1,000万円）が、一部の保険会社では、「地震危険等上乗せ補償特約」により地震保険と合わせると、最大で100％まで補償することができることや、他にも「地震火災特約」を付保することで、地震等による火災の補償を上乗

Chapter 11 損害保険

せすることができる商品を販売しています。

なお、地震保険は、「地震保険に関する法律」に基づき、政府と損害保険会社が共同で運営する公共性の高い保険です。地震保険では、大地震による巨額の保険金の支払いに備えて政府がバックアップしています。

(3)事業活動のための火災保険

事業遂行に伴う火災などのリスクをカバーする保険には、物的損害を補償対象とした普通火災保険や店舗総合保険のほかに、火災などの事故によって波及的に生じる喪失利益を補償する店舗休業保険、利益保険、営業継続費用保険、企業費用・利益総合保険などがあります。

3. 自動車保険

(1)強制保険と任意保険

自動車の保険には、大別して、強制保険である自動車損害賠償責任保険（自賠責保険）と、任意保険である自動車保険があります。自賠責保険は、自動車損害賠償保障法（自賠法）によって保険加入が義務付けられています。

(2)自動車損害賠償責任保険（自賠責保険）

自賠責保険は、自賠法により、原則としてすべての車（原動機付自転車を含む）に加入が義務付けられています。自動車事故によって他人を死傷させ、法律上の損害賠償責任を負担した場合に、保険金が支払われます。

① 対象となる保険事故

対人事故のみを対象としており、対物事故は対象となりません。

② 保険金の支払限度額

被害者1名に対する支払限度額が定められています。1事故当たりの支払限度額はなく、何回事故を起こしても保険金額は減額されません。

加害車両が複数の場合は、それぞれの車について被害者1名につき最高保険金額まで支払われます。

図表11－2　自賠責保険の支払限度額

被害者の状態	支払限度額(被害者1名当たり)
死亡	最高3,000万円
後遺障害	最高4,000万円(後遺障害の程度による)
傷害	最高120万円

(3) 任意の自動車保険

任意の自動車保険の補償内容は、次の三つに分類されます。損害保険商品は、これらを組み合わせて販売されています（図表11－3）。

ただし、任意の自動車保険の名称や補償内容は損害保険会社によって異なることがあります。また、保険の自由化で、最近はこれらの保険を基本としながら各社の特長を活かした独自の商品が販売されています。

図表11－3　任意の自動車保険の補償内容

賠償責任保険	対人賠償保険、対物賠償保険
傷害保険	搭乗者傷害保険、自損事故保険、無保険車傷害保険
物保険	車両保険

(4) その他の自動車保険

① 人身傷害（補償）保険

人身傷害（補償）保険は、相手がいる事故・単独事故を問わず、過失割合に関係なく、保険金額を限度として、実際にかかった治療費、休業損害などの損害額全額が支払われる実損払いの傷害保険です。

② リスク細分型自動車保険

リスク細分型自動車保険は、保険料算出の根拠となるリスク要因を細かく区分して保険料を設定する自動車保険です。一般的なリスク要因は年齢・性別・運転歴・使用目的・使用状況・地域・車種・安全装置の有無・所有台数の9区分です。この区分において、

リスク度合いが低いドライバーであれば保険料は割安になり、逆にリスク度合いが高ければ、割高となります。

③ テレマティクス保険

テレマティクス保険とは、テレマティクスを利用して、走行距離や運転特性といった運転者ごとの運転情報を取得・分析し、その情報を基に保険料を算定する自動車保険です。

PAYD（Pay As You Drive：走行距離連動型）とPHYD（Pay How You Drive：運転行動連動型）に分かれ、リスクに応じた詳細な保険料設定により、安全運転の促進の効果および事故の減少効果があります。

テレマティクスとは、Telecommunication（通信）とInformatics（情報工学）から作られた造語です。

4. 傷害保険

(1) 傷害保険の特徴

傷害保険は、「急激かつ偶然な外来の事故」によって身体に被った傷害（ケガ）による死亡・後遺障害・治療に対して保険金が支払われます。

(2) 傷害保険の種類

傷害保険には、補償タイプとして、普通傷害保険、家族傷害保険、交通事故傷害保険、ファミリー交通傷害保険、国内旅行傷害保険、海外旅行傷害保険などがあります。また、積立タイプには、それぞれ積立普通傷害保険、積立家族傷害保険、積立ファミリー交通傷害保険、年金払い積立傷害保険、利率保証型積立傷害保険などがあります。

5. 賠償責任保険

賠償責任保険とは、偶然な事故により第三者の身体や財物に対し損害を与え、法律上の損害賠償責任を負った場合、それによって被る損害を補償する保険です。

各論編

(1) 個人賠償責任保険

個人の日常生活における対人・対物事故による賠償責任を補償する保険です。職務遂行中の賠償事故は対象となりません。

なお、被保険者には、本人のほか、その配偶者および生計を同一にする同居親族と別居の未婚の子が含まれます。

(2) 事業活動のための賠償責任保険

事業遂行に伴う賠償責任のリスクをカバーする保険には、施設所有（管理）者賠償責任保険、請負業者賠償責任保険、受託者賠償責任保険、店舗賠償責任保険、生産物賠償責任保険（PL保険）[1]、会社役員賠償責任保険（D&O保険）[2]などがあります。

●ポイント

損害保険商品は、火災や自動車事故、レジャーにおけるけが、労災事故や賠償責任などのさまざまなリスクに対して多数用意されています。損害保険は、1年間の補償で保険料が掛け捨てとなるものがほとんどですが、積立型の商品（積立保険）は満期返戻金があり、補償機能に加えて貯蓄機能も兼ね備えています。

【注記】
1）生産物賠償責任保険（PL保険）とは、製造または販売したものの欠陥、請負業者が行った作業の結果により、他人に損害を与えた場合に負担する法律上の賠償責任を補償する保険である。PL保険の英文名は、Product Liability Insuranceである。
2）会社役員賠償責任保険（D&O保険）とは、会社役員として業務上行った行為に起因して損害賠償請求を受けた場合の損害を補償する保険である。D＆O保険は主に株主代表訴訟リスク対策として上場企業を中心として販売されているが、最近では、特約の新設により、株主代表訴訟以外のさまざまなリスクに対応できるよう、補償内容を拡大している保険会社もある。D&O保険の英文名は、Directors & Officers Liability Insuranceである。

Chapter 12
税金の種類

1. 税金の役割

　年金、医療などの社会保障・福祉や、水道、道路などの社会資本整備、教育や警察、消防、防衛といった公的サービスは、私たちの暮らしに欠かせないものですが、その提供には費用がかかります。

　税金は、このような公的サービスの費用を賄うものですが、みんなが互いに支え合い、共によりよい社会を作っていくため、この費用を広く公平に分かち合うことが必要です。まさに、税金は、社会を維持・運営し、また私たちが社会で生活していくための会費であるとも言えるでしょう。

　私たちが生活し、ライフプランを立て、さまざまなライフイベントをこなしていく際には、常に税金が関わっており、それは所得税や住民税に限らず、さまざまな税目が関連しています。たとえば、学生であっても、短期間のアルバイトをした際に、給与から所得税を徴収された経験があると思われます。

　税金には、国税と地方税、直接税と間接税などの区分に応じ、約50種類もの税金があります。

2. 税金の種類

(1) 国税と地方税

　税金を課すのが国か、都道府県・市町村などの地方公共団体によって分類されるもので、国に納める税を国税、地方公共団体に納める税を地方税と言い、地方税はさらに都道府県税と市町村税に分けられます。

(2) 直接税と間接税

　直接税とは、税金を納める義務のある人と税金を実際に負担する人が同じである税金です。所得税や法人税などがこれに当たります。

　間接税は、酒税やたばこ税、消費税などのように、税金を計算して納めるように義務

づけられた人と、その税金を実質的に負担する人とが異なる税金です。

　たとえば、消費税は、消費一般に広く公平に負担を求める間接税で、最終的には商品を消費したり、サービスの提供を受ける消費者が負担し、事業者が納税します。事業者は、消費者等から受け取った消費税等と、商品などの仕入れ（買い入れ）のときに支払った消費税等との差額を納税することになります。

　つまり、間接税の場合は、税金を納めるように義務づけられた人が納める税金について物やサービスの価格に上乗せして、実質的には消費者が税金を負担するようになっています。このようなことを租税の転嫁と言います。

　税金の分類は、図表12-1のとおりです。

図表12-1　税金の分類

		直接税	間接税
国　税		所得税、法人税、相続税、贈与税など	消費税、酒税、たばこ税、関税など
地方税	道府県税	道府県民税、事業税、自動車税など	地方消費税、道府県たばこ税、ゴルフ場利用税など
	市町村税	市町村民税、固定資産税、軽自動車税など	市町村たばこ税、入湯税など

出所：国税庁ホームページ「税のしくみ」
　　　（https://www.nta.go.jp/shiraberu/ippanjoho/gakushu/hatten/page02.htm）

　なお、税金の分類方法については、図表12-1のとおり、国税と地方税のように「どこに納めるかによる分類」と直接税と間接税のように「納め方による分類」がありますが、その他、「何に対して課税するかによる分類」方法があります。たとえば、所得税や法人税のように、個人や会社の所得に対して課税することを所得課税と言います。また消費税や酒税、たばこ税など物品の消費やサービスの提供などに対して課税することを消費課税、相続税や固定資産税など資産などに対して課税することを資産課税等と言います。

3. 軽減税率

　軽減税率とは、消費税負担を軽くするため、生活必需品などに通常より低い税率を適用する制度です[1]。所得税は所得が多いほど高い税率がかかる累進税率が適用されますが、消費税は所得にかかわらず同じ税率です。所得が少ない人ほど負担感が重くなる逆進性高い税金とされています。

多くの国で導入しており、税率が数段階に分かれる国もあります。たとえば、フランスは標準税率が20％なのに対し、新聞や医薬品は2.1％、食料品などは5.5％、外食は10％にとどめています。英国は標準税率20％に対し、食料品や書籍の税率は0％です。

●ポイント

現在、税金にはさまざまなものがあり、主に、国税と地方税、直接税と間接税に分類できます。

まず、税金の納め先による分類で、国に納めるものを国税と言い、地方公共団体に納めるものを地方税と言います。また、地方税は、さらに道府県民税と市町村民税に分類されます。

次に、税金を負担する人と納める人の関係による分類で、この両者が同じものを直接税と言い、異なるものを間接税と言います。

【注記】
1）2019年10月1日から、消費税および地方消費税の税率が8％から10％に引き上げられると同時に、消費税の軽減税率制度が実施されることとなった。国税庁によれば、購入した飲食料品を持ち帰る場合は軽減税率の8％、店内で食べるなら外食と見なして適用外で10％のままということである。詳細は、国税庁ホームページ参照されたい。
（http://www.nta.go.jp/taxes/shiraberu/zeimokubetsu/.../01.htm）

Chapter 13 所得税の仕組み

1.所得税とは

　所得税とは、個人の所得（収入から経費などを引いたもの）に対してかかる税金です。所得が高くなるほど、税率は上がります。

　税率は、所得が多くなるほど段階的に高くなる累進税率となっており、支払い能力に応じて公平に税を負担する仕組みになっています。

　所得税は個人の1年間（1月1日〜12月31日）の収入金額から経費や各種の所得控除額を差し引いた課税所得に対して課税されます。

2.所得税の計算の仕組み

　所得税は、次の4段階を経て計算します。

【各種所得の計算】→【課税標準の計算】→【課税所得金額の計算】→【納付税額の計算】

(1)各種所得の計算

　第一段階として、所得を10種類に分類し、各所得の金額を求めます。その際、非課税所得は除かれます。所得は、それぞれの所得について、収入や必要経費の範囲あるいは所得の計算方法などが定められています。

(2)課税標準の計算

　第二段階として、以下の順序に従って課税標準（課税対象を金額などで表し、税額計算の基礎としたもの）を計算します。

　まず、それぞれの所得を総合課税の対象になる所得と分離課税（申告分離課税分のみ）の対象になる所得に区分します。

　次に、10種類に分類した所得のうち、一定の所得について損失が生じた場合、その損失（赤字）分を他に分類された所得の黒字分から一定の順序に従って控除します。こ

れを損益通算と言います。そして、総合課税される種類の所得を合算します。その合計額を総所得金額と言います。

総合課税される長期譲渡所得の金額および一時所得の金額はそれぞれ所得の金額の2分の1を減額してから合算します。

なお、損益通算してもなお残ってしまう場合の赤字の額を純損失の金額と言います。この純損失の金額は翌年以後3年間の課税標準を計算する上で控除できることがあります。

図表13－1　10種類の各種所得

各種所得	概　　要
① 利子所得	預貯金の利子や公社債の利子などによる所得を言う。金銭信託の収益や公社債投資信託の収益分配なども利子所得となる。利子所得は、その支払いを受けるときに20.315％（所得税15％、住民税5％、復興特別所得税0.315％）が源泉徴収され、その源泉徴収税額だけで課税関係が完結する源泉分離課税である
② 配当所得	株式の配当金や一定の投資信託（公社債投資信託を除く）の収益分配金などによる所得を言う
③ 不動産所得	不動産、不動産の上に存する権利（借地権など）の貸付けによる所得を言う。貸家やアパートの家賃収入、駐車場の地代収入などが該当する
④ 事業所得	農業、小売業、卸売業、サービス業その他の事業から生ずる所得を言う。プロスポーツ選手、作家、俳優などの自由業の所得も事業所得になる
⑤ 給与所得	会社員や公務員などが勤務先から受け取る給料、賃金、賞与（ボーナス）などの所得を言う
⑥ 退職所得	会社員や公務員などが勤務先を退職する時、一時的に受け取る退職手当て、一時恩給などの所得を言う。なお、退職金をいちどきに受け取った場合は退職所得になるが、年金で受け取った場合は雑所得となる
⑦ 山林所得	所有期間が5年を超える山林（松や杉などの立木）の譲渡（売却）による所得を言う。なお、土地付きで山林を譲渡した場合、土地部分は譲渡所得となる
⑧ 譲渡所得	土地、建物、株式、ゴルフ会員権、絵画、骨董品などの資産の譲渡（売却）による所得を言う。譲渡所得は、資産の種類および所有期間に応じた課税を行うために、資産の種類や所有期間（長期か短期か）により、総合課税の短期譲渡所得の金額、総合課税の長期譲渡所得の金額、土地・建物等の短期譲渡所得の金額、土地・建物等の長期譲渡所得の金額、株式等に係る譲渡所得等に区分される
⑨ 一時所得	継続した営利行為から生じた所得以外の所得や、サービスの提供、資産の譲渡の対価としての性格を持たない所得のことで、クイズの賞金や福引の当選金、競馬の馬券や競輪の車券の払戻金、法人からの贈与により取得する金品、生命保険の満期保険金などや損害保険の満期返戻金（解約返戻金を含む）などが挙げられる
⑩ 雑所得	利子所得、配当所得、不動産所得、事業所得、給与所得、退職所得、山林所得、譲渡所得および一時所得以外の所得を言う。具体的には、公的年金（国民年金・厚生年金など）、個人年金（生命保険契約に基づく年金など）、利子関係（割引債の償還差益、定期積み金または相互掛け金の給付補てん金）などである

(3) 課税所得金額の計算

第3段階として、課税標準から所得控除額を控除し、課税所得金額を算出します。課税所得金額は、税率を掛ける際の基礎になる金額です。なお、総所得金額は所得控除後、課税総所得金額と呼ばれます。所得税では、個人の生活事情を考慮するために、医療費控除や扶養控除といった14種類の所得控除を認めています。所得控除は、人的控除と物的控除の二つに大別されます。

図表13－2　所得控除の種類（人的控除と物的控除）

人的控除	物的控除
基礎控除（納税者本人に一律38万円）	社会保険料控除
配偶者控除	生命保険料控除
配偶者特別控除	地震保険料控除
扶養控除	小規模企業共済等掛け金控除
障害者控除	医療費控除(注)
寡婦（寡夫）控除	雑損控除
勤労学生控除	寄付金控除

注：医療費控除とは、自分自身や自分と生計を一にする配偶者や親族が、毎年1月1日～12月31日までの一年間に支払った医療費を、その年の所得税から差し引くことができる制度のことである。医療費控除について記した確定申告書を提出することにより利用できる。病院で支払った金額や通院の交通費、家庭医薬品の購入代など病気を治すために使った金額が適応される。医療費控除の対象になる金額は、支払った医療費から保険金などで補填された額と10万円を引いた額となり、上限が200万円となる。ただし、総所得金額等が200万円未満の人の場合には、10万円の代わりに総所得金額等の5％を引いた額となる。

(4) 納付税額の計算

第4段階として、納付すべき金額を計算します。まず、課税総所得金額などに所定の税率を掛けます。それぞれの所得金額に税率を掛けた後、税額を合算します。このようにして算出税額が算出されます。なお、所得税では税率として累進税率もしくは比例税率が適用されますが、どちらの税率が適用されるかは所得によって異なります。

次に、算出税額から税額控除を控除します。税額控除として、住宅ローン控除（住宅借入金等特別控除）[1]や配当控除などがあります。

なお、源泉徴収税額や予定納税額がある場合は、これらを差し引きます。

3. 確定申告と納付

(1)確定申告

　所得税は、納税者本人が自ら所得税額を計算して申告する、いわゆる申告納税制度を原則としています。所得税の申告納税では、納税者本人が1月1日から12月31日の間に生じた所得金額および所得税額を計算し、それを原則として翌年2月16日から3月15日までの間に申告し、納付を行います。この申告を確定申告と言います。これに対して会社員や公務員などの給与所得者の場合は、原則として、勤務先で給料からの天引き（源泉徴収）や、年末調整まですべて手続きしてくれます。したがって、一定の要件（たとえば、1年間の給与収入が2,000万円を超える場合など）に該当しない限り、確定申告書の提出義務は生じません。一方、自営業者や会社等を退職した人は、所得税の計算から申告、納付まですべて自分で手続きしなければなりません。

　また、税金を納付するばかりでなく、場合によっては多く納付し過ぎた税金の還付を請求するために確定申告を行う場合もあります。

(2)納　　付

　納税の期限は、申告期限と同じように3月15日までとなっています。

　1回で全額納付できない場合は、半分以上の金額を3月15日までに納付すれば、残りの金額の納期限を5月31日まで延期（延納）することができます。ただし、利子税が掛かります。

●ポイント

　所得税は、個人の所得に対してかかる税金で、1年間の全ての所得から所得控除を差し引いた残りの課税所得に税率を適用し税額を計算します。

　給与所得者の所得税および復興特別所得税は、勤務先が毎月の給与やボーナスから源泉徴収され、その年最後に給与を支払う際に年末調整で精算します。

　確定申告をする義務のない人でも、マイホームを住宅ローンなどで取得した場合や多額の医療費を支払った場合などは、確定申告をすると源泉徴収された所得税および復興特別所得税が還付されることがあります。税の仕組みをよく理解しておきましょう。

各論編

【注記】
1）住宅ローン控除（住宅借入金等特別控除）とは、個人が住宅ローン等を利用して、マイホームの新築、取得または増改築等（以下「取得等」と言う）をし、2021年12月31日までに自己の居住の用に供した場合で一定の要件を満たすときにおいて、その取得等に係る住宅ローン等の年末残高の合計額等を基として計算した金額を、居住の用に供した年分以後の各年分の所得税額から控除するものである。住宅ローン等を利用してマイホームの取得等をしたとき、一定の要件を満たせば入居した年から10年間にわたり、支払った所得税の還付（または支払うべき所得税の控除）を受けることができる。

　住宅ローン控除は、年末の住宅ローン残高の1％を10年間、所得税などから控除する制度である。一般住宅の場合は10年間で最大400万円、認定長期優良住宅や低炭素住宅は同500万円が控除される。

　なお、2019年度税制改正により、消費税増税による住宅市場の需要減少対策として、消費税率10％が適用される住宅取得等について、住宅ローンの控除期間を10年間から3年延長し、13年間とすることが決まった。対象は2019年10月以降に契約し、2020年12月31日までに引き渡された住宅やマンションに住民票を移して居住する者に限ることとされた。

　税制改正で延長される3年間は、住宅やマンションの建物購入価格の2％分を3年かけて所得税などから差し引く。たとえば、建物部分の価格が3,000万円の住宅を購入した場合、2％の消費税増税分に相当する60万円が3年間で還付の対象となる。

　ただし、この建物価格の2％を3等分した額と、借入残高の1％分の金額を比べて少ない方が実際に還付される減税額となる。
・住宅ローンの年末残高(4,000万円を限度)×1％
・建物購入価格(4,000万円を限度)×2％÷3
※認定長期優良住宅や低炭素住宅の場合はいずれも上限は5,000万円

Chapter 14 相続税の仕組み

1. 相続税とは

相続税とは、相続または遺贈により財産を取得した場合に掛かる税金です。なお、死因贈与（例：「私が死んだらこの土地を贈与する」）は遺贈と同様に取り扱い、相続税の対象となります。

2. 相続税の課税対象

(1) 相続税の課税財産

① 本来の相続財産

相続や遺贈によって取得した財産のうち、金銭に見積もることができる財産はすべて含まれます。したがって、現金や預貯金・株式・ゴルフ会員権・宝石・書画・土地家屋はもちろんのこと、営業権や電話加入権などの無体財産権も含まれます。

② みなし相続財産

民法上の本来の相続や遺贈によって取得した財産でなくても、実質的にこれと同じであると考えられる場合には、課税の公平を図るため、相続や遺贈によって取得したとみなして相続税が掛かります。この財産をみなし相続財産と言い、その主なものは、次のとおりです。

> ❶ 保険料の負担者が被相続人である生命保険金や損害保険金
> ❷ 被相続人の死亡に伴う退職手当金・功労金
> ❸ 生命保険契約に関する権利
> ❹ 定期金契約に関する権利
> ❺ 一定の基準を超える弔慰金など

③ 相続開始前３年以内の贈与財産

贈与税の配偶者控除の適用を受けた者を除き、相続開始前３年以内に被相続人から相

続人が贈与を受けた財産は、相続財産に加算して相続税額を計算します。この場合、加算する贈与財産の価額は贈与により取得したときの時価(相続税評価額)で評価されます。

(2) 相続税の非課税財産

相続や遺贈で取得した財産のうちには、相続税の掛からないものがあります。これを相続税の非課税財産と呼んでおり、その主なものは次のとおりです。

```
①墓所、祭具など………墓地、墓石、神具、仏具などで日常礼拝に供するもの
②公益事業用財産………宗教、慈善、学術など公益事業を行う者が公益の用に供するもの
③心身障害者共済制度…掛け金負担者の死亡で得た地方公共団体の条例による障害者への
                    給付金
④生命保険金……………相続人1人につき500万円までの部分
⑤死亡退職金……………相続人1人につき500万円までの部分
⑥弔慰金…………………業務上の死亡は死亡時月給の3年分まで、業務外の死亡は死亡時月
                    給の半年分まで
⑦香典……………………通常の金額の香典
```

なお、相続を放棄した人が受け取る生命保険金・退職手当金には非課税の適用はありません(相続人ではないため)。したがって、取得した金額が相続税の課税財産となります。

(3) 法定相続人の数

死亡保険金や死亡退職金の非課税金額の計算では「法定相続人の数」を使用します。法定相続人の数とは、相続の放棄があった場合はその放棄がなかったものとした場合における相続人を言います。つまり、実際に相続の放棄があった場合でも、法定相続人の数にその放棄した人も含めます。また、相続人に養子が含まれる場合、上記計算において法定相続人の数に含めることができる養子の数は、被相続人に実子がある場合は最大1人、被相続人に実子がない場合は最大2人に制限されます。ただし、このルールはあくまでも相続税法上の「法定相続人の数を計算する上でのルール」であって、実際の相続において養子は何人いても各人が相続できます。

(4)債務控除

被相続人に債務（消極財産）が存在する場合、積極財産から消極財産を差し引いた正味財産に対して相続税が課税されます。したがって、課税価格を算出する際、銀行などからの借入金、住宅ローン（団体信用生命保険付きを除く）、事業上の買掛金・未払い金などは債務として控除されます。

葬式費用は本来は被相続人の債務ではありませんが、債務と同様に課税価格の計算上控除することができます。

3.相続税の計算

(1)相続税の計算の仕組み

相続税は以下の手順で計算します。

① 第1段階　各人の相続税の課税価格の計算（取得した財産の価額の計算）

まず、相続財産を課税される財産と課税されない財産に区別した上で、各人の取得した財産の価格（課税価格）を求めます。

【本来の相続・遺贈財産の価額】＋【みなし相続・遺贈財産の価額】－【非課税財産の価額】－【債務控除額】＋【生前贈与財産の加算額】＝【各人の相続税の課税価格】

---

② 第2段階　相続税の総額の計算

この段階では相続税の総額を計算します。

まず、各人の課税価格の合計から、遺産に係る基礎控除の額（3,000万円＋600万円×法定相続人の数）を控除して、課税遺産額を算出します。そして、実際の遺産の分割割合とは無関係に、課税遺産額を法定相続分に応じて仮に分割されたとして、各人の取得金額に相続税の税率を乗じて相続税額を算出し、それを合計して求めます。

③ 第3段階各人の納付すべき相続税額の計算

この段階では、各人の納付すべき相続税額を計算します。

第2段階で求めた相続税の総額に、各人の実際の相続割合（案分割合）を乗じたもの

各論編

が算出相続税額です。

また、相続税では、財産取得者の生活保障、二重課税の排除などのため、一定の要件のもとに6種類の税額控除を設けています。

(2)税額控除

相続税の税額控除には、贈与税額控除、配偶者の税額軽減[1)]、未成年者控除、障害者控除、相次相続控除、外国税額控除の6つの控除があります。なお、税額軽減の計算の基礎となる財産には、相続税申告期限までに分割されていない財産は含まれません。ただし、申告期限から3年以内に分割された場合は適用されます。また、この税額軽減を適用したことにより、相続税額がゼロでも相続税の申告は必要です。

4.相続税の申告と納付

(1)申告書の提出と提出期限

被相続人から相続または遺贈によって財産を取得した人は、課税価格の合計額が、遺産に係る基礎控除額を超える場合は、原則として、相続開始があったことを知った日の翌日から10カ月以内に、被相続人の死亡時の住所地を管轄する税務署長宛てに申告書を提出しなければなりません。

(2)納　　付

相続税は、納期限までに金銭で一括納付することが原則です。しかし、一定の要件を満たせば、例外として延納や物納も認められています。

① 延　　納

相続税を申告期限までに全額納付できないような場合、納期限を延長して分割納付する制度（延納制度）が設けられています。

ただし、相続税額が10万円を超えること、納期限までに金銭で納付することが困難な事由があること、延納額が金銭で納付することが困難である金額の範囲内であること、担保を提供すること（延納税額が100万円以下かつ延納期間が3年以下である場合は不要）、相続税の納期限までに延納申請書を提出すること、税務署長の許可を受けること

などの要件を満たしている必要があります。なお、延納税額に対して一定の割合で利子税が課せられます。ただし、一定の場合には軽減措置が設けられています。

延納期間は原則、最長5年です。ただし、相続より取得した財産に占める不動産の割合が75％以上の場合、不動産に係る延納期間は最高20年です。

② 物　納

金銭による一括納付や延納が困難な場合には、物で納める物納という制度があります。物納を希望する場合は、納期限までに物納申請書を提出し、許可を受ける必要があります。ただし、物納ならばどんな財産を納めてもよいというわけではなく、相続財産のうち次のものと制限されており、その順序も決められています。

2017年税制改正大綱により、相続税の物納優先順位の見直しが行われ、相続税の物納に充てることができる財産の順位について、以下のとおり、株式、社債および証券投資信託等の受益証券のうち金融商品取引所に上場されているもの等は国債および不動産等と同じ第1順位となり、投資証券等のうち金融商品取引所に上場されているもの等も第1順位となりました。

第1順位	国債、地方債、不動産、船舶、上場されている株式、社債、証券投資信託および投資証券等の受益証券
第2順位	非上場の株式、社債、証券投資信託または貸付信託の受益証券
第3順位	動産

これらの財産でも、質権、抵当権その他の担保権の目的となっている財産や所有権の帰属などについて係争中の財産など、国が管理処分するのに不適当な財産は物納が認められません。

また、物納財産の収納価額（国が引き取る価額）は、原則として相続税の申告書に記載された価額（相続税評価額）です。ただし、物納財産が国に収納されるまでに財産の状況に著しい変化があった場合には、収納価額の見直しが行われ、収納時の現況により収納価額が決められます。

なお、物納許可を受け、収納された後であっても、一定の財産は、許可後1年以内であれば撤回し、金銭一括納付または延納に切り替えることができます。また、資力の状況の変化によって延納が困難となった場合には、申告期限から10年以内に限り、延納から物納への変更ができます（特定物納制度）。

●ポイント

亡くなった人から各相続人等が相続や遺贈（死因贈与を含む）などにより取得した財産の価額の合計額が基礎控除額を超える場合、相続税の課税対象となります。相続財産には、課税財産と非課税財産があります。相続税の課税財産には、①本来の相続財産（預貯金、土地家屋など）、②みなし相続財産（死亡保険金、死亡退職金など）、③被相続人の死亡前の3年以内に贈与された財産、の三つがあります。また、非課税財産には、墓所や祭具、公益事業用財産などがあります。

【注記】
1）配偶者の税額軽減とは、被相続人の配偶者が遺産分割や遺贈により実際に取得した正味の遺産額が、次の金額のどちらか多い金額までは配偶者に相続税はかからないという制度である。
①1億6千万円
②配偶者の法定相続分相当額

　この配偶者の税額軽減は、配偶者が遺産分割などで実際に取得した財産を基に計算されることになっている。したがって、相続税の申告期限までに分割されていない財産は税額軽減の対象にならない。

Chapter 15 贈与税の仕組み

1. 贈与税とは

　贈与とは、他人に無償で財産を与える契約であり、贈与する人（贈与者）と贈与を受ける人（受贈者）との間で合意が必要です。

　そして、贈与税は、個人から財産の贈与を受けた人が払う税金です。

　財産を生前に相続人に贈与し相続人名義に変更すれば、相続財産はなくなり、相続人は相続税を支払わずに済みます。これでは相続税の制度が有名無実になってしまうため、贈与にも税金を課し、課税上の不公平が生じないようにしています。このため、贈与税は相続税の補完税といわれています。

2. 暦年単位課税

　贈与税は所得税と同様に暦年単位課税です。1年間に複数の人から贈与を受けた場合は、その年の贈与財産の合計額に対して課税されます。

3. 贈与税の課税対象

(1) 贈与税の課税財産

① 本来の贈与財産

　金銭に見積もることのできる経済的価値のある財産はすべて含まれます。現金・預貯金・株式・ゴルフ会員権・土地家屋はもちろんのこと、電話加入権や営業権も含まれます。

② みなし贈与財産

　本来の贈与によって取得した財産以外のものでも課税の公平を期する意図から、贈与財産とみなして贈与税が課税される財産があります。みなし贈与財産の代表的なものとしては、次の❶から❺ようなものがあります。

各論編

> ❶ 信託行為があった場合、受託者以外のものが受益者である場合の信託受益権(信託財産)
> ❷ 受取人以外の者(被相続人を除く)が保険料を負担した生命保険契約などに基づいて満期または被保険者(被相続人)の死亡により取得した生命保険金など(生命保険金)
> ❸ 定期金受取人以外の者が掛け金を負担した定期金給付契約に基づいて、給付事由の発生により取得した定期金の受給権(定期金)
> ❹ 低額譲渡により受けた利益(低額譲り受け)
> ❺ 債務の免除、引き受けまたは第三者のためにする債務の弁済により受けた利益(債務免除益など)

(2)贈与税の非課税財産

財産を取得した場合でも、財産の性質、公益的配慮などの理由から贈与税が掛からないものがあります。これを贈与税の非課税財産と言い、主なものは次のとおりです。

> ❶ 法人から贈与を受けた財産(所得税の課税)
> ❷ 公益事業用財産
> ❸ 扶養義務者相互間における生活費・教育費
> ❹ 心身障害者共済制度に基づく給付金の受給権
> ❺ 社交上必要とみなされる贈与(中元・歳暮・祝い金・香典など)

4. 贈与税の計算

(1)贈与税の計算の仕組み

贈与税額の計算は、贈与者が異なるごとに計算するのではなく、財産の贈与を受けた受贈者ごとに、1暦年(その年の1月1日から12月31日まで)における贈与財産を合計して税額を計算します。

贈与税額の計算はまず、贈与財産から非課税財産を控除して課税価格を計算します。そこから基礎控除額などを控除した金額に、贈与税の税率(超過累進税率)を掛けて贈与税額を計算します。なお、相続時精算課税制度を選択している場合は、同制度に基づく贈与分を課税価格から控除します。

贈与税では、受贈者1人につき、1暦年間に110万円の基礎控除が認められています。

> （贈与税の課税価格—110万円）×税率＝贈与税額

(2)贈与税の配偶者控除

　贈与税の配偶者控除とは、婚姻期間が20年以上の夫婦の間で、居住用不動産または居住用不動産を取得するための金銭の贈与が行われた場合、基礎控除110万円のほかに最高2,000万円まで控除（配偶者控除）できるという特例です。

　なお、この規定は、同一の配偶者からの贈与について1回しか適用することができません。また、この規定の適用を受ける旨など、一定の事項を記載した贈与税の申告書を提出することが必要になります。

5.相続時精算課税

　相続時精算課税とは、贈与を受けたときに、特別控除額および一定の税率で贈与税を計算し、贈与者が亡くなったときに相続税で精算するものです。

(1)相続時精算課税の計算

　贈与財産から相続時精算課税の特別控除額（2,500万円）を控除した残額に一定の税率（20％）を乗じて算出した金額の贈与税を支払い、贈与者が亡くなったときにその贈与財産と相続財産とを合計した価額を基に相続税額を計算し、既に支払った贈与税額を控除するものです。

(2)対象者等

　① 贈与者（贈与をする人）は60歳以上の者（父母や祖父母など）
　② 受贈者（贈与を受ける人）は20歳以上で、かつ、贈与者の直系卑属（子や孫など）である推定相続人および孫

6. 贈与税の非課税（特例）

(1) 住宅取得等資金の非課税

2015年1月1日から2021年12月31日までの間に父母や祖父母など直系尊属から住宅取得等のための金銭の贈与を受けた場合において、一定の要件を満たすときは、設定された非課税限度額までの金額について、贈与税が非課税となります。

(2) 祖父母などから教育資金の一括贈与を受けた場合の贈与税の非課税

2013年4月1日から2019年3月31日までの間に、30歳未満の孫などが、教育資金に充てるため、金融機関等との教育資金管理契約に基づき、祖父母など（直系尊属）から信託受益権を付与された場合や金銭等の贈与を受けて銀行等に預け入れをした場合などには、孫などごとにそれらの信託受益権や金銭等の価額のうち1,500万円までが非課税とされていました。

ただし、2019年度税制改正大綱により、教育資金贈与の非課税措置は、適用期限を2019年→2021年に2年延長する代わりに信託等をする日の前年の受贈者の合計所得金額が1,000万円を超える場合には、取得した信託受益権等について措置の適用を受けることができないこととなりました。

この改正は、2019年4月1日以後の信託等により取得する信託受益権から適用されることとなりました。

(3) 祖父母などから結婚・子育て資金の一括贈与を受けた場合の贈与税の非課税

2015年4月1日から2019年3月31日までの間に、20歳以上50歳未満の孫などが、結婚・子育て資金に充てるため、金融機関等との結婚・子育て資金管理契約に基づき、祖父母など（直系尊属）から信託受益権を付与された場合や金銭等の贈与を受けて銀行等に預け入れをした場合などには、孫などごとにそれらの信託受益権や金銭等の価額のうち1,000万円までが非課税とされていました。

ただし、「祖父母などから教育資金の一括贈与を受けた場合の贈与税の非課税」と同様、2019年度税制改正大綱により、結婚・子育て資金贈与の非課税措置は、適用期限を2019年→2021年に2年延長する代わりに信託等をする日の前年の受贈者の合計所得

金額が1,000万円を超える場合には適用を受けることができないこととなりました。

この改正は、2019年4月1日以後の信託等により取得する信託受益権から適用されることとなりました。

7. 贈与税の申告と納付

(1) 申告書の提出と提出期限

贈与税の申告は、贈与された財産の価額が基礎控除額（110万円）を超えるときは、原則として贈与により財産を取得した人（受贈者）が贈与のあった年の翌年2月1日から3月15日までに、贈与税の申告書を受贈者の納税地の所轄税務署長に提出しなければなりません。

(2) 納　付

贈与税は、申告期限までに納付すべき税額の全額を金銭でいちどきに納付することを原則とします。ただし、相続税と同様、金銭でいちどきに納付することが困難な場合は、一定の条件のもとに延納が認められています。なお、贈与税は物納が認められていません。

●ポイント

贈与税は、個人から贈与により財産を取得したときにかかる税金です。

贈与税の課税方法には、暦年課税と相続時精算課税の二つがあり、受贈者は贈与者ごとにそれぞれの課税方法を選択することができます。暦年課税は、1年間（1月1日～12月31日）に贈与を受けた財産の合計額を基に贈与税額を計算するものです。また、相続時精算課税は、親子間などの贈与で一定の要件に当てはまる場合に選択できる制度です。

贈与税の非課税特例としては、配偶者からの贈与の特例、父母や祖父母など直系尊属から住宅取得のための資金の贈与を受けた場合の贈与税の非課税、祖父母などから教育資金や結婚・子育て資金の一括贈与を受けた場合の贈与税の非課税があります。

主要参考文献
(注記で引用したものを除く)

赤堀勝彦『保険のしくみが分かる本』(金融ブックス、2014 年)

赤堀勝彦編著『ベーシック リスクと保険用語辞典』(金融ブックス、2015 年)

赤堀勝彦『リスクマネジメント入門―いま、リスクの時代を生き抜くために―』(保険教育システム研究所、2017 年)

赤堀勝彦『FP基礎―ファイナンシャル・プランニング』[五訂版](保険毎日新聞社、2018 年)。

貝塚啓明監修『リスクマネジメント』(日本FP協会、2016 年)

貝塚啓明監修『パーソナルファイナンス〜ライフプランニング・リタイアメントプランニング』(日本FP協会、2016 年)

貝塚啓明=吉野直行=伊藤宏一編著『実学としてのパーソナルファイナンス』(中央経済社、2013 年)

亀井利明=亀井克之『リスクマネジメント総論』[増補版](同文舘出版、2009 年)

金融広報中央委員会編『ビギナーズのためのファイナンス入門』(金融広報中央委員会、2005 年)。

国税庁編「暮らしの税情報」(国税庁、2018 年)

清水功哉『緊急解説 マイナス金利』(日本経済新聞出版社、2016 年)

社会保険研究所編『社会保険のてびき』(社会保険研究所、2018 年)

社会保険研究所編『年金のてびき』(社会保険研究所、2018 年)

生命保険文化センター編『ねんきんガイド』(生命保険文化センター、2018 年)

生命保険文化センター編『介護保障ガイド』(生命保険文化センター、2018 年)

生命保険文化センター編『医療保障ガイド』(生命保険文化センター、2018 年)

生命保険文化センター編『遺族保障ガイド』(生命保険文化センター、2017 年)

生命保険文化センター編『ライフプラン情報ブック』(生命保険文化センター、2018 年)

生命保険文化センター編『ほけんのキホン』(生命保険文化センター、2016 年)

生命保険文化センター編『定年 Go!』(生命保険文化センター、2016 年)

德勝礼子『マイナス金利:ハイパー・インフレよりも怖い日本経済の末路』(東洋経済新報社、2015 年)

日本FP協会編『若手社会人のマネー&ライフプラン お役立ちハンドブック!』(日本FP協会、2015 年)

日本FP協会編「FP ジャーナル誌」各号(日本FP協会)

Altfest, L.J. *Personal Financial Planning*, McGraw-Hill/Irwin, 2007(日本FP協会監修、伊藤宏一=岩佐代市他訳『パーソナルファイナンス―プロフェッショナル FP のための理論と実務―上・下』(日本経済新聞出版社、2013 年)

あとがき

　本書のサブタイトルにある「パーソナルファイナンス」という言葉を聞くと、読者の皆さんの中には経済や金融の難しい専門的な分野を思い浮かべている人もいるのではないでしょうか。

　一人ひとりの生活や生き方に合ったお金の知識や活用方法を学び、その答えを見つけること、それがパーソナルファイナンスです。

　パーソナルファイナンスは皆さんの夢の実現や目標の達成のために、お金がかかわる日常生活で何が必要なのかを教えてくれます。

　パーソナルファイナンスは大変興味のあるテーマです。私は大学卒業後38年間損害保険会社に勤務し、海外勤務を含め、さまざまな経験をさせていただきましたが、その中でも教育担当部門である能力開発部に所属していた時は、社員、代理店の人たちにパーソナルファイナンスの教育を行い、パーソナルファイナンスを学ぶことは実に楽しいことと思いました。

　大学生にパーソナルファイナンスの教育を行っている現在もその思いに変わりはありません。

　本書は、これから社会に出る人たちや若手社会人の方たちにパーソナルファイナンスを学ぶことの楽しさをさらに増幅させたいとの思いから著わしたものです。

　パーソナルファイナンスを学ぶことにより読者の皆さんが自分のライフプランに合った消費や貯蓄等を行い、今後必要になると予想される人生の三大資金と呼ばれる「教育資金」、「住宅資金」、「老後資金」などに向けて、しっかりとした知識や考えかたを培っていただくことを希望いたします。

　最後に、本書の出版に当たっては、株式会社保険毎日新聞社出版部スタッフの方たちに大変お世話になりました。心から感謝申し上げます。

赤堀　勝彦

索引

あ
アクティブ運用 …………………………………… 115
アセットアロケーション ……………………………… 9

い
遺言 ………………………………… 82,84,85,86,88,89
遺贈 ………………………………………………… 82
遺族基礎年金 ……………………………………… 143
遺族給付 …………………………………………… 143
遺族厚生年金 ……………………………………… 143
一時所得 …………………………………………… 165
一致指数 ………………………………………… 19,20
一般財形貯蓄 ……………………………………… 55
一般定期借地権 …………………………………… 46
一般媒介契約 ……………………………………… 43
遺留分 ……………………………………………… 83
遺留分減殺請求権 ………………………………… 85
医療費控除 ………………………………………… 166
インターバンク市場 …………………………… 28,29
インフレーション（インフレ） ……………… 14,24,25

う
売りオペレーション（売りオペ） ………………… 15

え
延納 ………………………………………… 167,172

お
オープン市場 ……………………………………… 29
オープンマーケット・オペレーション …………… 14

か
買いオペレーション（買いオペ） ………………… 15
外国為替証拠金取引 …………………………… 39,41
会社役員賠償責任保険 …………………………… 160
価格変動リスク …………………………… 101,114,119
学資保険 …………………………………………… 60
格付け ……………………………………………… 102
確定給付型年金 …………………………………… 144
確定給付企業年金 ……………………… 145,146,147
確定拠出年金 ……………………… 145,146,148,149
確定申告 …………………………………………… 167
家計調査 …………………………………………… 21
仮想通貨 ……………………………………… 33,34,35
可処分所得 ………………………………………… 52
株価指数連動型上場投資信託 …………………… 113
株価収益率 ………………………………………… 107
株価純資産倍率 …………………………………… 107
寡婦（寡夫）控除 ………………………………… 166
株主資本利益率 …………………………………… 107
為替変動リスク …………………………………… 102
換価分割 …………………………………………… 87
環境債 ……………………………………………… 110

元金均等返済方式 ………………………………… 65
間接税 …………………………………… 161,162,163
カントリーリスク ………………………………… 102
かんぽ生命 ………………………………………… 153
元利均等返済方式 ………………………………… 65
管理組合 …………………………………………… 49

き
企業年金 …………………………………………… 144
企業物価指数 ……………………………………… 21
基準価額 …………………………………………… 114
基準割引率および基準貸付利率 ………………… 15
基礎控除 ………………………………… 166,171,177
寄付金控除 ………………………………………… 166
キャッシュフロー …………………………… 10,53
キャッシュフロー表 ……………………………… 53
給与所得 …………………………………………… 165
教育ローン ……………………………………… 60,61
協会けんぽ ………………………………………… 135
協議分割 …………………………………………… 87
業況判断 …………………………………………… 20
共済 ………………………………………………… 80
共済年金 …………………………………………… 139
強制保険 …………………………………………… 157
銀行間市場 ………………………………………… 30
金銭信託 …………………………………………… 97
金融緩和 ………………………………………… 14,25
金融経済 …………………………………………… 13
金融政策 …………………………………………… 14
金利変動リスク ……………………………… 101,119
勤労学生控除 ……………………………………… 166
勤労者財産形成促進制度 ………………………… 55

く
クーポン・レート ………………………………… 100
区分所有権 ………………………………………… 48
区分所有法 ………………………………………… 48
組合健保 …………………………………………… 135
グリーンボンド …………………………………… 110
クレジットカード ………………………………… 34
グロース（成長）型 ……………………………… 115

け
景気動向指数 ……………………………………… 19
軽減税率 …………………………………… 162,163
経済協力開発機構 ………………………………… 129
経済主体 …………………………………………… 13
経済部門 ………………………………………… 13,14
限定承認 …………………………………………… 86
現物分割 …………………………………………… 87

こ
公営保険 …………………………………………… 78
公開市場操作 …………………………………… 14,15
高額療養費制度 …………………………………… 135
公正証書遺言 …………………………………… 86,88

索　引

厚生年金基金	144
公的医療保険	135
国税	161,162,163
国内総支出	19
国内総生産	18
国民健康保険	135
国民総生産	18
個人型確定拠出年金	136,147
個人賠償責任保険	155,160
個人バランスシート	10
固定金利商品	26
こども保険	60
雇用保険	134,137
コンポジット・インデックス	19,20

さ

財形住宅貯蓄	55,56
財形制度	55,56
財形年金貯蓄	55,56
財形持家融資制度	63
債務控除	171
雑所得	165
雑損控除	166
山林所得	165

し

死因贈与	82
私営保険	78
時価総額	107
敷地利用権	49
事業所得	165
事業用定期借地権	46
資金洗浄	35,132
死差益	151
資産配分	9,127
自社年金	144,145
地震保険	156
地震保険料控除	166
自動車損害賠償責任保険	157
自動車保険	157
自賠責保険	157
支払準備率操作	15
自筆証書遺言	88
死亡保険	152
社会的責任投資	109
社会保険制度	134
社会保険料控除	144,166
借地権	45
借地借家法	45
借地借家法の改正	46
借家権	47
収支相等の原則	150
住宅の品質確保の促進等に関する法律	45
住宅ローン控除（住宅借入金等特別控除）	166,168

ジュニアNISA	121
障害基礎年金	141,142
障害給付	142
障害厚生年金	141,142
障害者控除	166
生涯生活設計	9
傷害保険	159
奨学金	61
少額短期保険	80
小規模企業共済等掛け金控除	147,166
証券投資信託	111,173
証券取引所	104
上場不動産投資信託	114,117
譲渡所得	165
消費者物価指数	21
消費税	161,162,163
消費動向調査	21
（新）学資保険	60
人工知能	17
申告納税制度	167
人身傷害（補償）保険	158
信託	97
信託財産留保額	112
人的控除	166
信用リスク	104

す

住まいの保険（火災保険）	156

せ

税額控除	172
生産物賠償責任保険	160
生死混合保険	152
生存保険	152
成年後見制度	72,73
生命保険料控除	166
責任投資原則	109
先行指数	19
全国健康保険協会	135
専属専任媒介契約	43
専任媒介契約	43
全労済	71,81

そ

相関係数	126
造作買取請求権	47
相続	82
相続時精算課税	177,179
相続税	169
相続の放棄	86
相続分	83
贈与	82
贈与税	175
贈与税の配偶者控除	177
租税回避地	129,132

索引

損害保険	78,79,155

た
対顧客電信売相場	31
対顧客電信買相場	31
第三分野保険	79
代償分割	87
退職所得	165
大数の法則	150
宅地建物取引業者	42,44
タックスヘイブン	129
建物譲渡特約付借地権	46
短期金利	23,30
単純承認	86
単純平均株価	106
単利	25

ち
遅行指数	20
地方自治体融資	64
地方税	161,162,163
中小事業主掛金納付制度	146,147,149
長期金融市場	29
長期金利	23
直接税	161,162,163

つ
つみたて NISA	122,123

て
定期借地権	46
定期借家権	47,48
手形市場	29
出来高	106
デフォルトリスク	102,104
デフレーション(デフレ)	14,24
デリバティブ	30,31,32,105
テレマティクス保険	159
電子マネー	34

と
統合的リスクマネジメント	75
投資信託	39,97,111
投資法人	118
東証株価指数	29,106
特別養子	83
途中償還リスク	101
ドルコスト平均法	125

に
日銀短観	20
日経 225	106
日経平均株価	29,106
日本版 REIT	114
任意後見制度	72,73
任意保険	157
年金積立金管理運用独立行政法人	109

は
配偶者控除	166
配偶者特別控除	166
配偶者の税額軽減	172,174
賠償責任保険	155,159
配当所得	165
配当利回り	107
売買代金	44,106
売買高	106
パーソナルファイナンス	8,9,12
パーソナル・リスクマネジメント	10,12
ハイリスク・ハイリターン	41,104
パッシブ運用	115
パナマ文書	131
パブリックファイナンス	8
バリュー(割安)型	115

ひ
費差益	151
ビットコイン	33
秘密証書遺言	88
表面利率	100

ふ
ファイナンス	8
ファンド	111
フィンテック	17
複利	26
普通借地権	45,46
普通借家権	47,48
普通養子	83
物的控除	166
物納	173
不動産所得	165
扶養控除	166
ブラインド方式	114
フラット 35	65
ブロックチェーン	34
分散投資	124,127

へ
平均余命	70
米国 FF レート	30
米財務省短期証券	30
変額保険	153
変動金利商品	26

ほ
法定後見制度	72
ポータビリティ	148
ポートフォリオ	10,12,115,124,125,126,128
ポートフォリオ運用	124
本来の相続財産	169
本来の贈与財産	175

ま
マイナス金利	36
マネーストック	15,16,20,21

索　引

マネーストック統計	14,20,21
マネー・ローンダリング	35,132

み
みなし相続財産	169,174
みなし贈与財産	175
ミニ保険	78,81

む
無担保コール翌日物	23

よ
養子	83,170
預金準備率操作	14,15,16
予定事業費率	150,151,154
予定死亡率	150,151,154
予定利率	150,151,154

ら
ライフイベント表	52,53,69
ライフステージ	4,8,51,58
ライフデザイン	9,10,51
ライフプラン	8,9,51
ライフプランニング	51

り
利差益	151
利子所得	165
リスク許容度	127
リスク細分型自動車保険	158
リスク・ファイナンシング	75,77
リスクマネジメント	10,74
リタイアメントプランニング	68
利回り	26
流動性リスク	101,114
量的・質的金融緩和	16,37
利率	26

れ
暦年単位課税	175

ろ
労災保険	134,137
労働者災害補償保険制度	137
老齢基礎年金	141
老齢給付	141
老齢厚生年金	141,142
ロボ・アドバイザー	17
ロンドン銀行間取引金利	30

A
AI	17

B
Bitcoin	33

C
CI	19,20
CGPI	21
corporate finance	8
CPI	21

D
D&O 保険	160
derivative	30
DI	19,20

E
ERM	75
ESG 投資	109,110
ETF	113,114

F
finance	8
FinTech	17
FX	39,41

G
GDE	19
GDP	18
GNP	18
green bond	110
GRIF	109

I
iDeCo	146,147,148
IT	17

J
JA 共済	81
J-REIT	114,117,118,119

L
LIBOR	30

M
money laundering	35,132

N
NISA	120,121

O
OECD	129,132

P
Panama Papers	131
PAYD	159
PBR	107
PER	107
personal finance	8
PHYD	159
PL 保険	160
PRI	109
public finance	8

R
REIT	117
ROE	107

S
SRI	109

T
tax haven	129
TOPIX	29,106
TTB	31
TTS	31

著者略歴

赤堀　勝彦（あかぼり　かつひこ）

1964年3月　早稲田大学商学部卒業
1964年4月　日本火災海上保険（株）〈現、損害保険ジャパン日本興亜（株）〉入社
　　　　　　ニューヨーク駐在員事務所長、米国首席駐在員、能力開発部主管等を経て
2002年4月　長崎県立大学経済学部、大学院経済学研究科教授（〜2007年3月）
2007年4月　長崎県立大学名誉教授
2007年4月　神戸学院大学法学部、大学院法学研究科教授（〜2012年3月）
2012年4月〜現在　神戸学院大学法学部、大学院法学研究科非常勤講師
2018年6月〜現在　岡山大学大学院ヘルスシステム統合科学研究科非常勤講師
2018年9月〜現在　倉敷芸術科学大学危機管理学部非常勤講師
　　　　　　日本リスクマネジメント学会理事
　　　　　　博士（法学）、CFP®認定者、1級FP技能士

主要共編著書：

『保険用語小辞典』（共編著）（経済法令研究会、1994年）
『損害保険の基礎』（経済法令研究会、1995年）
『生命保険の基礎』（共著）（経済法令研究会、1996年）
『リスクマネジメントと保険の基礎』（経済法令研究会、2003年）
『最近のリスクマネジメントと保険の展開』（ゆるり書房、2005年）（日本リスク・プロフェショナル学会賞受賞）
『企業リスクマネジメントの理論と実践』（三光、2008年）
『企業の法的リスクマネジメント』（法律文化社、2010年）（日本リスクマネジメント学会賞受賞）
『カウンセリング入門―職場における心のリスクマネジメント―』（三光、2010年）
『インストラクションスキル―眠くさせない講義・講演のすすめ方』（保険毎日新聞社、2011年）
『実践 リスクマネジメント』（三光、2012年）
『ライフキャリア・デザイン―自分らしい人生を送るためのリスクマネジメント―』[改訂版]（三光、2012年）
『保険のしくみが分かる本』（金融ブックス、2014年）
『就活生・新社会人のためのプレゼンテーション入門』（保険毎日新聞社、2014年）
『ベーシック リスクと保険用語辞典』（編著）（金融ブックス、2015年）
『役に立つ損害保険英語文例集』[改訂版]（監修）（保険毎日新聞社、2017年）
『リスクマネジメント入門―いま、リスクの時代を生き抜くために―』（保険教育システム研究所、2017年）
『実践 企業リスクマネジメント―最適な保険設計のために―』(編著)（保険教育システム研究所、2018年）
『FP基礎―ファイナンシャル・プランニング』[五訂版]（保険毎日新聞社、2018年）
『危機管理政策入門―危機に対しどのように立ち向かうか―』（編著）（保険教育システム研究所、2018年）、他

超低金利時代のマネー&ライフプラン
〜パーソナルファイナンスのすゝめ 改訂版

初版年月日	2017年6月 1 日発行
改訂版年月日	2019年2月21日発行
著者	赤堀勝彦
発行所	㈱保険毎日新聞社
	〒101-0032 東京都千代田区岩本町 1 − 4 − 7
	TEL03-3865-1401／FAX03-3865-1431
	URL http://www.homai.co.jp
発行人	真鍋幸充
カバーデザイン	中尾　剛
印刷・製本	有限会社アズ

ISBN　978-4-89293-410-0
©Katsuhiko Akabori(2019)
Printed in Japan

本書の内容を無断で転記、転載することを禁じます。
乱丁・落丁はお取り替えいたします。